大夏书系·有效教学

高效课堂八讲

刘金玉 著

华东师范大学出版社

图书在版编目（CIP）数据

高效课堂八讲/刘金玉著. —上海：华东师范大学出版社，2010.6
ISBN 978-7-5617-7817-3

Ⅰ.①高... Ⅱ.①刘... Ⅲ.①课堂教学—教学研究 ②教学管理—研究 Ⅳ.G42

中国版本图书馆 CIP 数据核字（2010）第 100113 号

大夏书系·有效教学

高效课堂八讲

著　　者	刘金玉
策划编辑	朱永通
文字编辑	张海波
装帧设计	大象设计
责任印制	殷艳红
出版发行	华东师范大学出版社
社　　址	上海市中山北路3663号　邮编 200062
电话总机	021-62450163 转各部
客服电话	021-62865537（兼传真）
邮购电话	021-62869887
门市地址	上海市中山北路3663号华东师范大学校内先锋路口
网　　址	www.ecnupress.com.cn
印 刷 者	北京季蜂印刷有限公司
开　　本	700×1000　16 开
印　　张	12.25
插　　页	1
字　　数	170 千字
版　　次	2010 年 8 月第一版
印　　次	2022 年 12 月第二十一次
印　　数	89 792—91 791
书　　号	ISBN 978-7-5617-7817-3/G·4548
定　　价	42.00 元

出版人　朱杰人

（如发现本版图书有印订质量问题，请寄回本社市场部调换或电话 021-62865537 联系）

目 录

序　刘金玉和他的高效课堂 …………………………………… 1

第一讲　和谐：高效课堂的追求
高效课堂的追求 ………………………………………………… 3
"和谐课堂"的实质 …………………………………………… 6
正确认识和处理"和谐课堂"中的各种关系 ………………… 9

第二讲　发展：高效课堂的目标
对高效课堂目标的认识上的误区 ……………………………… 31
高效课堂的内涵 ………………………………………………… 36
高效课堂的范畴 ………………………………………………… 38

第三讲　"打假"：高效课堂的指导思想
新课改背景下的实际课堂 ……………………………………… 53
"打假"：课堂高效的必由之路 ………………………………… 60

第四讲　真学：高效课堂的操作策略
"先学后教，当堂训练"课堂教学模式的释义 ………………… 71
"先学后教，当堂训练"课堂教学模式的类型 ………………… 80
"先学后教，当堂训练"课堂教学模式的特点 ………………… 82
"先学后教，当堂训练"课堂教学模式的层级 ………………… 101

"先学后教，当堂训练"课堂教学模式的理论基础 …… 103
"先学后教，当堂训练"课堂教学模式的意义 …… 124

第五讲　角色归位：高效课堂的前提
"毛泽东" …… 131
"张艺谋" …… 136
"袁伟民" …… 141

第六讲　全程备课：高效课堂的关键
"三三三全程备课"的内涵诠释 …… 147
"三三三全程备课"的撰写形式 …… 155
"三三三全程备课"的检查策略 …… 157

第七讲　师资培训：高效课堂的基础
师资培训的方式 …… 163
师资培训的注意点 …… 171

第八讲　科学管理：高效课堂的保障
切实遵守课堂规则 …… 175
加强课堂责任承包 …… 178
扎实开展"三清运动" …… 181
全面推进配套管理 …… 183

后记 …… 187

序　刘金玉和他的高效课堂

我与刘金玉老师的相识纯属缘分。

2006年春，我受江苏教育报刊社之邀，担任在常州举办的江苏省首届"杏坛杯"赛课活动的评委，洋思中学副校长刘金玉给我们带来了一份惊喜：他执教的《沁园春·雪》一课，表现出生生互动、轻松和谐而又竞争激烈、学习气氛浓郁的特点，可谓别开生面、富有个性。但人们依然热衷于教师的才华与讲授艺术，因此，这堂课得到所有评委和听课老师的充分肯定还是有难度的。尽管如此，我还是强力推荐："这堂课既上出了语文味儿，又上出了新课改的诉求，更上出了洋思中学'先学后教，当堂训练'教学模式的务实风格，一堂课代表了一所名校。"虽然大家的意见有分歧，但经过评论，学科评委们还是认可了我的意见，最终，刘老师获得了"赛课一等奖"。

有人说我有"洋思情结"，对此，我笑而不言。1999年，江苏省首届"名教师、名校长"颁奖大会在南京举行，我和前来参会的当时的洋思中学校长蔡林森在省教育大厦前合影留念。自从2000年被调到张家港工作以来，我曾和张家港的老师们一起多次到过洋思中学，走进"蔡林森时代"的洋思校园和洋思课堂。在功利教育甚嚣尘上的年代，我很欣赏洋思中学的做法——"君子爱分，得之有道"。在日常教学和教研工作中，我会有意无意地提及洋思中学，提及"先学后教，当堂训练"教学模式，当然，也常常会提及蔡林森校长，提及刘金玉老师的那堂语文课。2008年，我市第八中学校长朱明华想请刘金玉老师来校讲学，我即刻拨通了刘老师的电话。刘老师虽然工作繁忙,全国各地的讲学之约不断,但他还是爽快地答应了。另外,我市的很多学校,如崇实中学等,和洋思中学一直是友好学校,即使洋思中学步入了"后蔡林森时代",我们这里也有许多学校和老师在执著地学习和实践着洋思中学的经验,因为洋思中学的经验易学、好用、实在、有效果。刘老师给我市第八中学老师作的报告也是如此。

2009年8月,语文出版社在南京师范大学组织了"全国名师授课活动暨高效教学论坛",诚邀国内6位名师上示范课。我和刘金玉老师都应邀参加了评课,他的评课和他的上课、报告一样,也是崔永元主持的节目——"实话实说"。对于公开课、示范课中的多形式、多表象、不实在、效果差等弊病,刘老师旗帜鲜明、义正辞严地进行了批评。组委会打算给刘金玉老师15分钟的时间,结果时间在不知不觉中过了45分钟,简短评课变成了专题讲座,赢得了与会教师多次热烈的掌声。正是刘金玉老师的这一次评课,让我强烈地感受到洋思中学的"先学后教"已经成为一种文化,润泽着一个个敢讲真话、敢做实事的洋思人。

不论是上课、作报告还是评课,刘金玉都是一个务实的教育实践者。今天,我翻看了他的书稿——《高效课堂八讲》,感到非常亲切、非常实在。

亲切,缘于我的"洋思情结",缘我和刘校长的交往,更缘于我对课堂的高度关注。

虽然我对"高效"二字一直存有警惕心理,但这丝毫没有妨碍我对它的关注。我一直认为,教育首先要面向明天,要有一大批理想主义者的开拓与引领,这样,教育事业才会阳光灿烂,一路高歌;然而,教育又必须从现实的大地上起步,要有一大批现实主义者的踏实践行与默默耕耘,这样,我们才能办好人民满意的教育。读了刘老师的《高效课堂八讲》,我发现刘老师属于后者,非常模范的后者。虽然在理想主义者看来,"高效"过于世俗和功利,但是只要是按照教育教学的规律办事,尊重学生,关爱生命,那么,在此基础上追求高分和高效,这又有什么可指责的呢?追求和谐、促进发展、切实"打假"、学生"真学"的高效课堂又有什么不好呢？我一直在不断地进行疏理和甄别，不断地提醒和说服自己，也在不断地研究和实践我的"生态课堂"。而刘老师对"高效课堂"的研究给我研究"生态课堂"带来了太多的启发，也增强了我研究"生态课堂"的信心。

刘老师的新作之"实在"并非三言两语就可以概括，请容我多说几句：

这是一本一线优秀教师的著作。

据我所知，自1988年参加工作以来，刘老师一直从事着语文教学工作，从未离开过课堂，尽管他现在已经是洋思中学分管65个班教学教研工作和学校党建工作的副校长，但他的语文学科教学成绩却一直非常优秀。他是全国十佳语文教师、江苏省学科带头人、南京师范大学教师培训学院硕士研究生兼职导师、泰州市名教师。《高效课堂八讲》是刘老师多年教学经验的结晶。这本书紧紧围绕课堂这个主阵地，谈了自己对课堂的认识、对课堂教学关系的处理方式，谈了课堂教学策略的运用，谈了扮演正确的教学角色的重要性，所有这些都源于他真实的教学经历。可以说，没有这位优秀老师，就没有这样实在的高效课堂。

这是一本能为我们解决现实教学问题提供有效帮助的著作。

随着新课改的不断深入，一些课堂教学问题逐渐暴露出来，其中课堂教学的浮躁、虚假现象尤为突出。一味地追求外表的热闹、形式的怪异和庸俗的时尚，导致了课堂的低效、无效，甚至负效。刘老师的《高效课堂八讲》正是从课堂教学中存在的问题入手，列举种种教学现状，进行深刻的剖析，并提出相应的改进措施。许多专家充分肯定的"先学后教，当堂训练"这一课堂教学模式，也是本书详写的课堂教学策略之一，书中不仅有理论的分析，也有具体的做法以及排除问题的提示等。书中所列问题也是很多老师在教改实践中很容易遇到的难题，或者是常常出现的误解，刘老师的新作不仅为我们提供了案例，更给出了疗救的良方。

这是一本理论与实践相结合的著作。

刘老师是一位注重实践的语文教师，但他也掌握了丰富的教育教学理论。读了本书后，你会感受到刘老师是在科学理念引领下的科学实践者。《高效课堂八讲》不仅富有实践性，也与教育教学理论紧紧相结合："先学后教，当堂训练"教学模式继承和发扬了孔子的教育思想，是对陶行知教育思想的精彩演绎，是对新课改理念的充分体现。对"先学后教，当堂训练"这种教学模式的理念研究，是刘金玉老师最近的研究成果。同时，《高效课堂八讲》还与和谐教学、目标教学、成功教学、尝试教学等现代教学方法紧密相关。另外，作者在书中还展示了自己最近的理论研究成果，比如什么是高效课堂、怎样判断高效课堂、高效课堂的特点等。刘金玉老师自觉运用科学理论指导教学实践，因此，他是"行且知"的优秀教师的楷模。

这是一本对学校管理有指导意义的著作。

课堂的高效决非仅仅抓住课堂这个主阵地就能完全实现。刘老师深谙其理，于是，他从学校管理者的角度提出了"协调发展"、"系统实施"的思想，跳出了课堂，而着眼于实现课堂高效的科学管理。高效课堂关联性的思想在《高效课堂八讲》中得到了充分的体现。本书不仅提出了学校管理中需要协调的方方面面——备课、培训、管理以及具体要求，还分析了它们与高效课堂的必然联系以及具体实施的措施与方法，让学校管理者切切实实认识到系统管理、科学管理的必要性与重要性。

蔡　明

特级教师、张家港市教育局教研室副主任

2010 年 3 月 14 日于港城

第一讲 和谐：高效课堂的追求

高效课堂现已成为我们每一位老师的追求。那么我们的课堂如何才能达到高效呢？下面，我们就高效课堂的生成进行交流与探讨，主要从八个方面展开。首先与大家探讨一下高效课堂的追求，即高效课堂的方向问题。

新课程改革从2001年开始，至今已有10年。10年过去了，课堂虽然有所变化，但仍然不尽如人意，问题仍然很多，那么，课堂还需要继续进行改革吗？如果需要，应该沿着怎样的方向进行，应该如何改革？

我认为，也应让"和谐"的思想进入课堂，使我们的课堂和谐起来。也许有人在想，"课堂不和谐"真的会造成很严重的后果吗？是不是夸大其词，危言耸听了？是的，课堂确实很小，只有50个人，只有45分钟，只有几个物件，只有几个行为，只有几个任务，等等。但"课堂虽小，五脏六腑俱全"。小课堂里存在着大大小小的若干种关系，只有对这些关系认识到位了，只有把这些关系处理好了，只有把这些关系变得和谐了，才能从根本上解决学生身上存在的诸多问题——课堂的和谐是解决学生的问题和其他教育顽症的根本途径。

课堂上的各种关系如果不和谐，问题就会产生，就会蔓延，就会变得严重，以至于一发而不可收拾，这样，课堂就是低效、无效甚至负效的了。和谐才是高效课堂的追求。

高效课堂的追求

新课程改革从 2001 年开始，至今已有 10 年。10 年过去了，课堂虽然有所变化，但仍然不尽如人意，问题仍然很多。那么，课堂还需要继续进行改革吗？如果需要，应该沿着怎样的方向进行，应该如何改革？对此，许多人产生了怀疑。

2009 年秋季，我参加了"江苏省基础教育改革校长高级论坛"。在此次论坛中，国家基础教育改革司司长讲道："必须继续改革，如果不继续改革就会回到老路上来，这是对民族、对国家的不负责任。然而，接下来的改革不是简单的改革，而是在既有成绩的基础上进行进一步的总结和推广，是深化改革。"江苏省教育厅厅长沈健也强调指出，江苏省基础教育改革走在全国基础教育改革的前面，下一步的改革是展开全面、深入的拓展工作，不留死角，要更科学、更完善地改革，将基础教育改革，尤其是课堂教学改革作为评价一个地区、一个学校的重要依据。2010 年 1 月 16 日，我出席了在北京召开的"当代教育的使命"专家论坛。会议中，与会专家无一不支持继续改革，认为只有肩负起改革的使命才能肩负起当代教育的使命，只有这样，中国才能有更多的创造和创新。2010 年 2 月 28 日，《国家中长期教育改革和发展规划纲要（2010—2020 年）》（公开征求意见稿）指出，接受良好教育成为人民群众强烈的期盼，深化教育改革成为全社会共同的心声。

再翻看《人民教育》、《中国教育报》、《教育研究》等主流报刊，它们也都在强调进一步深化教育改革的问题。

由此可见，继续改革是必需的，是必然的，是毋庸置疑的。

那么，如何进一步地改革呢？这就需要找到进行下一步改革的源头，也就是必须找到当前改革中所存在的问题以及问题的核心所在。

为什么要进行改革？或者说，改革的根本原因是什么？弄清楚这个问题很重要，因为它关系到今后一个时期内所进行的改革的方向问题。如果方向搞错了，搞偏了，那改革还能成功吗？如果方向不明，则会全盘皆输。如果我们弄清楚了改革的原因，那么，就能对症下药，有的放矢。当然，对于改革的原因，不同的人有不同的理解，故而有着不同的答案。对于这个问题，我也做过问卷调查，答案有以下四类：

一是学生学业负担过重。现在的孩子每时每刻都在与书本打交道，从眼睛一睁一直忙到熄灯，从学校忙到家里，从家里又忙到学校。于是，眼睛近视了，心理出现问题了，思想有毛病了，身体垮了……

二是学业成绩不佳。由于孩子的成绩总是达不到家长所期盼的水平，达不到优秀，达不到重点学校的分数线，最终，孩子也就考不上令家长满意的学校。

三是学生能力不强，高分低能。有的孩子虽然考上了名校，但操作技能比较差，只会做一些书本上的"死题目"，对实践性较强的题目则知之甚少，无能为力。这些孩子分数虽高，但能力太弱，有的连起码的自理能力都没有，每时每刻都离不开家人的护理与照顾。

四是情感不到位。学生在班里、在学校、在老师的眼皮底下、在同学们当中，表现得还不错，但一到家里，一到社会上，行为就发生了偏差，情感也出现了问题，比如与家人关系不和、我行我素等，出现了"当面一套，背后一套"的行为。

用一句话来概括，那就是学生素质不高，发展不全面。

以上情况确实属实，但我认为这还不是真正的原因，而只是表面现象，是看得见、摸得着的现象。然而，分析一个问题，必须从其内部找原因，即必须透过现象看本质。

我认为，造成上述问题的原因可归结为五个字——"课堂不和谐"。一句话，是"不和谐"造成了诸多问题。

自从胡锦涛担任总书记以来，中共中央提出了"构建和谐社会"的目标，这是非常正确的指导思想。只有社会和谐了，社会上所存在的诸多问题才能不断地得到解决，社会才能稳定，国家才能发展，人民才能幸福。因此，和谐成了人们的追求。那么，如果"不和谐"呢？就会有矛盾，就会有纷争，就会有冲突乃至战争。中国共产党深谙其理，于是，自上而下都在和谐思想的指导下构建和谐机关、和谐支部、和谐校园、和谐人际关系，和谐的思想遍布各个地区、各个部门、各类人群。

我们也应将"和谐"的思想带入课堂，使我们的课堂和谐起来。也许有人在想，"课堂不和谐"真的会造成很严重的后果吗？是不是夸大其词、危言耸听了？是的，课堂确实很小，只有50个人，只有45分钟，只有几个物件，只有几个行为，只有几个任务，等等。但"课堂虽小，五脏六腑俱全"。小课堂里存在着大大小小的若干种关系，只有对这些关系认识到位了，只有把这些关系处理好了，只有把这些关系变得和谐了，学生身上存在的诸多问题才能从根本上得到解决——课堂的和谐是解决学生的问题和其他教育顽症的根本途径。

小课堂如同大社会，课堂上的各种关系如果处理不好，问题就会产生，就会蔓延，就会变得严重，以至于一发而不可收拾。所以，我们要构建"和谐课堂"，使课堂真正地和谐起来。

什么是"和谐"？什么是"和谐课堂"？其实质是什么？怎样的课堂才能称之为"和谐课堂"？"和谐课堂"与"和谐教学"又有怎样的关联？

"和谐课堂"的实质

一、什么是"和谐"

现在似乎一切都在讲"和谐"，社会讲"和谐社会"，社区讲"和谐社区"，学校讲"和谐校园"。可见，"和谐"已经深入人心，成为了一种时尚、一种追求、一种目标。

作为老师，我关注得最多的自然是有关"和谐课堂"的问题，虽然听得多，说得多，也在努力做，但总觉得"和谐"二字意肤浅，味平淡，质不深。

要想弄清什么是"和谐课堂"，就必须先弄清什么是"和谐"。

什么是"和谐"？从美学的角度看，和谐是指事物或现象各个方面之间的完美配合、协调和多元化的统一。

什么是"和谐"？《说文解字》将其解释为"相应、谐调"，《辞海》将其解释为"思想、大小、颜色、色调等方面各部分彼此之间或者各部分与整体之间均衡匀称，没有什么使人产生不愉快或讨厌的感觉"，《现代汉语词典》将其解释为"配合得适当"。

什么是"和谐"？毕达哥拉斯认为："整个天就是一个和谐。"赫拉克利特认为:"和谐产生于对立的东西。"孔子认为:"君子和而不同,小人同而不和。"

综上所述,关于什么是"和谐",可谓仁者见仁,智者见智,但有一点是相同的,那就是他们都认为和谐是科学处理各种关系以使具有差异性的事物达到结合、统一、共存、谐调。"和谐"的本质就是使事物谐调、平衡、共存、发展。

二、什么是"和谐课堂"

弄清了"和谐"的内涵后,我们再来探究一下什么是"和谐课堂"。

苏霍姆林斯基说:"所谓和谐教育,就是如何把人的活动的两种职能配合起来,使两者得到平衡:一种职能就是认识和理解客观世界,另一种职能就是人的自我表现,自己的内在本质表现,自己的世界观、观点、信念、意志力、性格在积极的劳动中和创造中以及在集体成员的相互关系中的表现和显示。"

"和谐教学法"是由王敏勤教授首创的,它是融合了"暗示教学法"和"沙塔洛夫教学法"而形成的。王敏勤教授所倡导和实验的"和谐教学法",就是按照系统论的观点,力求使教学过程诸要素之间以及教学过程与教学环境之间始终处于一种协调、平衡的状态,从而提高教学质量,培养学生的创新精神、实践能力和自学能力,使学生的基本素质和个性品质得到全面、和谐、充分的发展。

首先,"和谐课堂"是和谐教学思想在课堂教学中的具体体现。它是指在具体的课堂教学过程中,如果各种教学要素配合得合理,就会达到一种和谐的状态,形成一种合力,从而有力地促进课堂教学质量的提高,促进学生素质的健康发展。反之,如果各种教学要素配合得不够合理,就会形成一种分力,使得每种要素不但不能发挥自身的优势,还会抵消其他要素的功能,进而直接影响到课堂教学的效果。其次,和谐教学是一个动态的过程。教学过程中的各种要素从"不和谐"到"和谐",再到一种新的

"不和谐"。最后，在更高的层次上达到一种新的"和谐"，这种矛盾运动推动了教学过程的不断发展。而教师的作用就在于准确地把握各种教学要素和环境的变化规律，及时地调整各种要素的搭配关系，使教学过程始终处于一种动态的和谐状态。

三、"和谐课堂"的本质特征

人本心理学认为，人本善良，天赋具有高度的理性和发展的潜能，个人的前途与命运由自己决定，强调个人的尊严与价值；人生活在自己的经验世界之中，一言一行均受其自我概念所影响；一个人自出生至死亡，无时无刻不在奋力追求自我的成长与充实，无时无刻不在保持与增进自我效能，以使自己的人格获得健全与均衡的发展。

"和谐课堂"充分关注了这些特点，体现了以人为本的教学理念。和谐教学要求老师深入了解学生个体的差异和发展需求，从智力、性格、兴趣、成就、情意特质等方面，不断提供符合其发展的教学情境，引导每一个学生从事有意义的学习实践活动并从中获得成功的体验，使其在保持并增进学习兴趣的同时谋求充分、自由、全面的自我发展。

"和谐课堂"所倡导的以人为本的思想，抓住了课堂教学的本质，体现了教育要尊重、唤醒、服务于学生的理念。

课堂中究竟有哪些关系需要我们正确认识和处理呢？其核心关系是什么？我们又该如何正确认识和处理这些关系呢？

正确认识和处理"和谐课堂"中的各种关系

我们先来剖析一下传统教学，然后再探究要使课堂和谐必须处理哪些关系，怎样处理这些关系。

传统教学是怎样的课堂教学？它存在着哪些弊端？

弊端1：传统教学重知识，轻能力、方法和素质情感。这与新课标里的知识与能力、过程与方法、情感态度与价值观的三维目标相比较，传统教学只重视了一点：知识目标，因为课堂上教师在满堂地讲知识，学生在满堂地接受知识。

弊端2：在传统教学中，学生在课堂上处于被动的学习状态。换句话说，老师是在逼着学生走进教材。

弊端3：在传统教学中，课上学生轻松地学习，课后却加重负担地学习，也就是课上负担轻，课后负担重。因为老师在课堂上拼命地讲，学生呢？只是一个听众、一个看客，可看可不看，可做可不做，可想可不想。老师很辛苦，学生很轻松。课后学生却要做大量的作业。

弊端4：传统教学针对性不强，不能面向全体学生，学生吃的是"大锅饭"。表面上老师讲的时候学生都在听，实际上能认真听的、听得懂的只是少数精英学生，而大多数学生，特别是成绩排名在后几名的学生根本消化不了。

所以，我们提出，必须拿起放大镜来透视小课堂，这样就可以发现"小课堂就如同大社会"，课堂中的各种关系如果处理不好，就会出现大问题，就会影响一代人，就会发生一系列本不该发生却又发生的悲剧。

一、人与人的关系

1. 师生关系

师生关系是课堂教学诸多关系中最为核心的关系。但什么是老师？什么是学生？这两个看似简单的问题却很少有人能够正确回答。

什么是老师？老师首先是教育者，是教育学生的人。什么是学生？学生首先是受教育者，是被老师教育的人。如果一个老师都不能去教育学生，不能使学生得到提升，那他还是一个真正的老师吗？如果一个学生有问题，而且很明显，老师却视而不见，置若罔闻，只是在课堂上一味地讲、说、做，我行我素，那他还是一个真正的老师吗？显然，不是，他是一个伪老师，因为他没有尽到做一个老师的基本职责。

2007年，我到上海的一所学校听课，该校的教室是高度现代化的，室内也依据新课改理念精心布置。一开始，我们发现，学生还是比较遵守纪律的，但十分钟后，学生开始骚动，有两个学生未经老师同意，就直接走出去了；有几个学生将放在抽屉里的水拿出大口喝起来，还有几个开始坐得不端正的学生，竟然趴在了课桌上。一下课，我们便问这位上课的老师这是怎么回事。这位老师竟然对我们的问题感到不理解，说："这有什么好奇怪的？新课改不是强调课堂要以人为本吗？以人为本，不就是要尊重学生，从学生的角度考虑问题吗？为了坚持以人为本的教学理念，我们提出了三个允许：第一，允许学生可以根据自己的需求自由走出去，做自己愿意做的事；第二，允许学生可以不听老师讲课；第三，允许学生可以不举手就随便插话，提出自己的意见。学生之所以出去，是因为他内急，需要去洗手间；学生之所以喝水，是因为他口渴；学生之所以趴着，是因为他昨天可能太用功了，需要休息。"如此，我们听了不禁哑然，新课改中老师的形象原来是这样的！

当我们问到师生关系时,他说,师生是平等的,他们的关系就是朋友的关系,彼此和睦相处,所以,课堂上老师对学生只是关注,只是劝说,只是暗示,决不用批评的方式对学生进行教育,以免伤害学生。学生在课堂上应是自由自在的,不应该有任何压力,这样,师生关系才是真正平等的。噢,怪不得学生在课堂上如此"自由自在"。

我们对这种解答不能苟同。教师和学生是平等的,这种平等只是人格上的平等,因为都是人,都有生命,所以教师必须尊重学生。但毕竟教师与学生不同(知识不同、阅历不同、能力不同、责任不同、职责不同),这就决定了师生平等中必然存在着不平等,正因为这种不平等,才使平等得到真正的实现,从而促进学生的发展。如果是绝对的平等,那么,还要教师干什么?学生不可以完全自由地发展吗?这也是从学生的实际出发提出的问题,这实际上也充分体现了新课改理念中"是平等中的首席"的思想。所以,不能因为"平等"而使课堂上只有"朋友"而无师无生,师不成师,生不像生。教师应首先做好教师,学生应首先像一个学生。课堂上,老师和学生应该各司其职,各谋其事,从而达到教师"先师后友、亦师亦友"、学生"先生后友、亦生亦友"的境界。

2. 生生关系

生生关系是课堂上人与人之间的关系中的另一种特别重要的关系。这种关系中又包含着很多关系,如小组与小组之间的关系、男生与女生之间的关系、学生干部与一般学生之间的关系、优生与差生之间的关系,等等。只有处理好这些关系,才能最终达到共生共赢。

在这些生生关系中,最为重要就是优生与差生之间的关系。通过培尖补差策略,实现因材施教,达到水涨船高,通常是我们课堂教学的追求。但我认为,培尖与补差两种策略不能正确处理优生发展与差生进步之间的关系。

我认为,培尖策略不足以培尖,真正的培尖策略是"师培不如自培"。尖子生是谁培养出来的?我们认为,不是老师培养出来的。如爱迪生、爱因斯坦、毛泽东等，他们是老师培养出来的吗？显然不是，那么，培养尖子生的人是谁？他又是怎样成为尖子生的呢？是尖子生自己培养的，是自己通过努力才成长为尖子生的。但学校、老师也起着很重要的作用，那就是发现与点燃。发现学生的长处，使之放大，点燃其努力激情，促其进步。

具体讲，我们老师应该从四个方面做培尖工作：一是相信，相信是促进学生发展的前提和基础，相信是一种心理激励，是对学生价值的肯定，是激发学生最好的良方；二是解放，全面解放学生，全课堂解放学生，解放其思想、思维、时间、空间、手、眼，即陶行知先生所倡导的"六大解放"，只有解放学生，才能挖掘学生发展的潜力，才能使学生释放其潜在的能量；三是引导，在学生自由学习之时，老师要积极而又富有成效地引导学生去发现问题、分析问题、解决问题、运用问题，引导学生求知、做人、相处，引导学生向着新的目标迈进，从而使学生始终处于一种积极的状态之中，为其今后的发展奠定基础；四是激励，在学生成长过程中，必然有挫折，有磨难，我们老师应该不断地激励学生，激发其斗志，激扬其信心，激荡其情怀，使其对进步、成功不懈追求，能够从失败中吸取教训，从胜利中得到经验，使自己更快地成长。

尖子生不是教师培养出来的，那么，差生又是怎样造成的？原因很多。其中，我们老师有着不可推卸的责任，很多差生都是因为老师放弃造成的。一个不相信学生能够成长的老师能想方设法去教育学生吗？一个被老师放弃的学生能够发生变化吗？当然不能。

那么，怎样使所谓的差生变好呢？我认为，补差策略不足以使差生变好。如果学生已经是差生了，再放到课后去补，往往就等于"牛过了河去揪尾巴"，科学的策略就是"补差不如防差"（在课堂上实施防范措施，不让学生差下来），差生往往是从课堂上差下来的，如果在课堂上能够跟上大部队，他就有信心去应对后面的更艰深的问题。那么，怎样"防差"呢？老师必须在两个词上做文章，那就是"关注"和"优"。

所谓"关注",就是给以更多的关心与注视。关注应做到两个方面:一是关注有问题的学生;二是关注学生的问题。关注有问题的学生,是指对纪律差、态度差、学习差的学生的关注。课堂上老师要特别注意这些学生,不要让这些学生闲下来,无事可干,一定要让他们投入到学习中去。有人说,他不学习,怎么办?不学习的责任不在学生,是教师教育不力造成的。只要他是学生,就必须学习,因为他的主要职责就是学习,而不是玩;只要他是学生,教师就有义务、有责任去教育他,使之进步。老师必须发扬"不放弃、不抛弃、不遗弃"的精神,采用"盯住他、缠住他、粘住他"的策略来对这样的学生进行施救,逼其学习。当然,逼是讲策略和方法的、是有技术和艺术的、是发自内心的爱的逼,不是硬逼、蛮逼、死逼。这种"逼学"的策略,其实质就是教师相信学生行、会、可,充分地挖掘学生的全部潜能。这种"逼学"的策略,不仅体现了教师的爱心,促进了学生学业成绩的进步,更是为了使学生在课堂上有事可做。这样,学生就不"无事生非"了,课堂上就高度用心了,课堂功课就上去了,也就有了自信心,课后学生就会更加努力,使自己不断地进步。

关注学生的问题,是指教师在施教过程中,不能以自我为中心,只顾自己讲,要时刻关注学生在学习过程中存在的问题,尤其是问题学生的问题。只有将学生存在的共性和个性的问题弄明了、弄清了、弄实了,教学才能够对症下药,有的放矢。为了关注学生的问题,教师需要采取"走下去"的教学策略,即教师在授课中,要走到学生中去,了解、观察、询问学生的学习情况,对学习情况进行及时的梳理,梳理出哪些问题是可以通过学生相互研究解决的,哪些是必须通过教师引导解决的,从而使学生的问题真正得到解决。

通过"关注有问题的学生"和"关注学生的问题",为"防差"营造了一个好的氛围,从而有助于把"防差"工作落到实处。

"防差"的第二个策略就是要做到两个"优"——"优待差生"和"差生优先"。

所谓"优待差生",就是对于所谓的差生要给以特别的爱,让其感觉不到自己是一个差生,让其充满自信地成长。为落实"优待差生"策略,学校必须实施均衡教育,一视同仁地对待每一位学生,使学生主动、自觉地融入到集体中。学校要切实做到"四个均衡":一是均衡分班——将同一年级的学生平均分到各个班级中去,达到各个班级是均衡的,也就是无快班、慢班,无实验班、非实验班,无特长班、非特长班,使所有学生所在的班级起点一样,"不让学生输在起跑线上",在分班中得到体现与落实;二是均衡分师——将同一年级的所有任课教师根据情况的差异平均分到各个班级中去,使各个班级在总体师资力量上是均衡的,没有哪一个班级的任课教师绝对都是最为优秀的,也没有哪一个班级的任课教师绝对都是落后的,这也是落实"不让学生输在起跑线上"的重要举措;三是均衡分组——当学生分到班级后,班主任将学生平均分到各个组中,使各组的力量均衡,这样就不至于使学生觉得自己高人一等或低人一等,更加有利于组与组之间的竞争;四是均衡分座——将所谓的优生与所谓的差生均衡地分在一起,优生与差生夹坐,而非优生、差生坐得相对集中,也非优生坐在前面,坐在老师身边,差生坐在后两排,坐得离老师远远的,这样就使差生感觉不到自己是一个所谓的差生,而是一个平常生,一个与自己身边同学一样的求学的人,而且,这样一来,可以使学生更加互通有无,彼此"兵教兵",相互帮助,共同提升。"四个均衡"充分调动了情感的力量、竞争的力量、集体的力量,使所有学生,特别是差生获得了真正的新生,从而更加努力地投入到学习之中,获得进步。

均衡发展不等于齐步走,更不是一刀切,也不是拔苗助长、削足适履,而是所有学生都能在自己原先的基础上有不同程度的发展。"四个均衡"正是这样的思想的体现。

所谓"差生优先",就是对所谓的差生的各个方面给以优先照顾,使其更加努力,就像国家为了支持老少边穷地区的发展,根据区别对待的原则,采取政策扶持、优先发展的策略。在具体的课堂上,老师应该采取三大优先策略，促进差生的发展，使其能够跟上大部队，超越大部队，从而使生命得到绽放。一是优先关注，即老师在课堂上应该关注所有学生，包括优生和差生，但更应该关注差生，因为优生已经很自信，很自觉，很努力，他们身上存在的问题少；而差生就不同了，他们思想上有问题，行为上有问题，学业基础上有问题。老师如果将关注平均洒向每个学生，就不是从学生实际需要出发，因材施教，而是不会教学，因为教学必须抓住关键的、重要的、必须解决的问题。所以，在优生和差生的关注度上，老师应该倾向于差生。二是优先回答，即在课堂上，让差生优先回答老师提出的探究性的问题，在差生回答问题的基础上，让尖子生来评价，让老师来引导，从而最终让差生自己正确回答问题，掌握规律。三是优先提问，即在课堂上，让差生对学习内容中不理解的问题优先质疑，在尖子生和老师的引领之下将其心中的疙瘩解开，扫除学习路上的绊脚石。

两个"关注"和两个"优"，其实质就是从班级学情出发，从学生实际需要出发，从老师教书育人的职责出发，让所有学生都得到真正的爱、全面的发展。

二、教与学的关系

教与学的关系是课堂上两种行为之间的关系，教与学的关系处理得好坏关系到整个课堂教学的成效。什么是教？什么是学？我们必须先搞清楚这两个基本的问题。

什么是教？教不是传道，也不是授业，更不是解惑。传道、授业、解惑，就是老师不是根据学生的需要进行施教，而是视学生为无知者、无能者、无情者、无思维者，视学生为一张白纸，什么都不知道，全部听取老师的，全盘接受老师的。这不是真正的教，学生并不是一张白纸，什么都不知，什么都不能，什么都不行，不管是哪一类学生，即使是幼儿园的小朋友，他们都是有潜能的，有基础的。而小学生、中学生、大学生更是已经有了自己的天地、自己的思想、自己的知识，只是可能还不完整、不系统、不准确、不先进罢了。如果教是传道、授精、解惑，那么，这种教就无视学生的存在，无视学生的基础，无视学生的实际，这种教是对学生的一种蔑视，一种严重的不尊重。课堂绝不是讲经说佛的圣地，也不是教师演练口才的讲坛，更不是炫耀才艺的场所。

那么，究竟什么是教呢？教乃导也。导，确定了教师的教的地位。学生是一个需要发展的活生生的人，他们有思想，有基础，有个性。因此，教师决不能视学生为器物，随随便便往里面扔东西，教师应在充分了解并懂得学生内心需求的基础上，往里面输送必需的东西，这就是"导"，导学习目标，导学习内容，导学习过程。通过"导"，导出学生追求科学的激情，导出学生学习知识的热情，导出学生的质疑精神、创造意识。当然，教师需要注意导的时机、方向、方法、时间等，只有全方位进行科学的"导"，才能真正使学生得到全面而有效的发展。

什么是学呢？学自然不是传统意义上的学生在课堂上的学，不是学生全过程紧跟着老师的讲而认真听、认真记，把老师讲的内容照录，把老师的板书写下来，也不是做了老师布置的事情，比谁做的记录美观、详尽，比谁上课坐得端正，更不是将课堂所讲做一次全过程的回忆。这样的学是无自己意识参加的学，是被人牵着鼻子走路的学，是失去了主体地位的学。如果学生自己的参与程度不高，思考性不强，责任意识不到位，这样的学就是一种完全被动的学，学得就不深刻，就不持久，就没有多大价值。

那么，究竟什么是学呢？学乃是自动、自觉、自主的行为。学生自己主动、积极地投入到学习之中，充满乐趣，充满自信，充满希望，在自己的书上、本上写下自己的所悟、所思、所想，写下与他人研究后产生的成果，写下在老师的引导下产生的成果。当然，不仅可以写下，也可以悟出，可以说出，可以用好，更可以实验好，其最终目的就是通过有效的学来不断提高自己、发展自己。当然，要使学生学好，老师就必须进行积极、有效的引导。

那么，教与学究竟有哪些关系呢？通过研究，教与学有如下八大关系：

1. **不学不教**：学必须在教前，教必须在学后，没有学生的学，就没有教师的教。这句话道出了学与教的顺序问题。

2. **以学定教**：根据学生的学来确定教什么和怎样教。这句话道出了教的内容和方法。

3. **以教促学**：教是学的手段，学是教的目的；教是为了促进学，是为了更好的学。这句话道出了教的作用。

4. **以教导学**：教的方法不是讲，而是导，使学生知其然，更知其所以然。这句话道出了教的方法。

5. **以学论教**：教得好与不好不是看老师讲解如何，而是通过学生的学习情况来进行评价。这句话道出了如何评价教师的教。

6. **以学研教**：课堂教研，不是只从教师的教的层面来分析，还要从学生的学的层面来研究，课堂是研究的主阵地，学生是教学研究的主要对象，学生的学习是研究的主要问题。这句话道出了如何进行正确的教学研究。

7. **教学合一**：教与学表面分离，实际上是合二为一的，实系教中学，学中教，实现教学的一体化。这句话道出了教与学的相得益彰的关系。

8. **教学相长**：教师通过教，学生通过学，双方彼此促进，都能得到提升与发展。这句话道出了教与学的共同目的——实现教师和学生的共同成长，共生双赢。

三、人与本的关系

课堂上有两种人，教师和学生。课堂上有两种本，教本和学本。新课改理念高度强调，老师在课堂上要引导学生"走进教材，更要走出教材"，老师"不要教教材，要用教材教"。于是，我们发现，很多老师在课堂上不是把主要精力放在教教材上，而是放在教教材以外的东西上，不是将教材弄清、弄透、弄明，而是从课外找一些内容来补充、深挖，不是从教材这个点出发，而是以迅雷不及掩耳之势将教材教完，以迅速走出教材，从而体现"不要教教材"的理念，其结果呢？毋庸置疑，学生走出来了，但走得很艰难，走得歪歪斜斜，有的走得头破血流。什么原因？因为教师虽然教着让学生走出来了，但教得不实，教得不深，教得不透，学生只表现出理解了本的内容，只知其然，有的甚至连知其然都不能达到，更不用说知其所以然了，未把本中的内涵、实质、规律、运用等弄清楚，只浮于表面，没有深入到本中，只以本为引子，作为要教的铺垫，不作为教的主体。

著名教育家叶圣陶说："课本，无非是例子。"这句话道出了本的作用——例子。例子是精选的，例子中包含着要教的内容、实质、要求、规律，如果将例子彻头彻尾弄明白了，那么，就可以从例子之本出发，去做类似的题。现在，还有一种做法，就是教脱离本，但所教的这个本是自己意念中的本。教师不是按照《新课程标准》的要求和教材编排体系的要求进行教，而是按照自己的解读、自己的理解进行教，将本中探究与练习弃之一边，不管不问，甚至也不作为教的参考。结果，教了，教得很实、很多、很深，但学生仍不能走出来，或者说不能很好地走出来，原因何在？因为教师教得很随意，没有"法度"。本是一门学科中的一个子系统，某一课放在某年级某单元某篇次，是由学科系统决定的，是编者心血的结晶，编者通过它来反映系统思想、系统精神。每一课都是学科系统中不可或缺的重要环节，就如同一根链条一样，是前后相承的，若缺少了其中任何一个链，自行车就走不了。随意地确定目标，随意地确定任务，随意地摆布内容，自然与系统思想背道而驰，结果适得其反，因为"基础不牢，地动山摇"。

那么，应该如何处理人与本的关系呢？我们提出了"以本为本，本是根本"，"要走出教材，必先真正走进教材"的做法。我们应该认真研究《新课程标准》，把握其要义，特别是《新课程标准》提出的"不要教教材，而要用教材教"的内涵。教材是要教的，关键是教什么，如果不分青红皂白，没有轻重主次地教，任意地肢解教材，那么，这种教就是教教材，学生就不能从中得到"好处"，只学了一篇，学了一点，而没有学到一类，更没有学到一片、一面、一体。相反，如果研究了教材，研究了学生，确定了教材在学科系统中的地位和作用，确定了学生的基础与需要，那么，教时就有了方向，有了发展的可能。这样的教就是以教材为例子进行的有意义的教，因此，学生学到的知识就会扎实，能力就能提升，情感就有发展的空间。这样，学生表面上走进教材，实际上走出了教材。这就如同学习写字一样，必须先入格，只有入格到位了，才能很好地出格。如果没有很好地入格，或者根本就没有入格，形成了随意的风格，出格时自然就没有了基本的要求与标准，字不规范、字不上行就是必然的了。所以，教师和学生都必须充分尊重《新课程标准》与教材，以此为载体进行教与学，只有把课本知识夯实了，才能更好地走出教材。

四、现代教学设备与传统教学设备的关系

现在社会进步了，经济发展了，教学条件也变好了，教学设备得到了进一步的改善。于是，我们惊喜地看到教室里发生了很大的变化，不再是原先那么简陋，只有破黑板、小粉笔、坏插袋，取而代之的是先进的设备，投影幕、投影仪、录音机、录像机、实物投影仪等现代教学设备一应俱全。这是好事，这说明国家对教育的重视，但也带来了相应的问题——有的课堂已经离不开这些多媒体设备了，如果离开了，教学就不能顺利进行。高度重视现代教学设备的建设与运用没有错，但要强调的是，运用了多媒体不等于就是进行了新课改，不应在"形"上求新，大做文章，而应在"质"上求新，求有用，同时也应该高度重视传统教学设备（粉笔、黑板、嘴）所具有的现代教学设备不可替代的作用。我们发现在很多地区、很多学校已经见不到粉笔、黑板了，有的地方甚至明文规定评价课堂教学质量的一个重要标准就是不再使用粉笔、黑板等传统教学设备。这是很荒唐的做法，语文老师不写字，还是语文老师吗？数学老师不做题，还是数

学老师吗？难道只要事先做好准备，在课堂上点点鼠标就能让学生理解吗？著名教育改革家魏书生先生到全国各地上课、讲学从来不用电脑，他总是靠一个人、一张嘴、一块黑板、一支粉笔"打天下"！有人也许说，他老了，不会用电脑。错了，他写的文章你见过吧？他写的书你见过吧？那些字都是用键盘敲打出来的。我曾向他请教过这个问题，他说："课堂不是做给人看的，是有效引导学生学的。"

在现代教学设备与传统教学设备两者关系的处理上，一定要做到"相互为用，相互促进，相辅相成，相得益彰"，"只求有效，不求形式"，千万不能被表面的现象所迷惑。

五、减负与增效的关系

现今，学生负担过重已是不争的事实，负担过重导致学生出现了各种各样的问题。但现实又告诉我们，不可能取消考试，取消分数录人。也许有人会说，只要分数存在一天，学生负担过重的问题就不能得到解决。我认为这种认识是片面的。只要措施得当，方法正确，减负问题一定能得到解决。

从2007年开始，山东省率先进行减负工作，至今已经三年了，得到了社会各界的普遍认可，应该说初见成效。江苏省也从2008年开始进行减负工作，两年来，虽然有很多阻力，但总体来说，遏制住了学生负担上升的势头，广大学生也从中受益很多。我的孩子今年上高三，已经没有了她前面的学哥学姐们的那种痛苦，晚上不必上晚自习，可以自己一个人在家自由自在地复习，双休日也不必辛劳奔走，可以在家依自己所需自学。减负令下来之后，我爱人也没有以前那么匆忙了（忙着给孩子煮早饭、午饭、晚饭），一切正常了，家庭关系也更和睦了。有人问，孩子的成绩呢？当然更好了。她的班主任给我打电话，说我的孩子期中考试成绩已经排到班级第十三名了，我很高兴，很感激江苏省的减负令。以前，老师总拼命地讲，讲完后让学生依葫芦画瓢，但上课时学生只有听和记的份，哪有思考的份，老师也从不喊学生回答问题，结果学生做题做不出来，因为没有时间进行消化啊。

减负了，是不是不要质量了呢？是不是不要成绩了呢？自然不是。因为学生最终还是要参与到竞争的大潮中去的，所以不可能没有分数。那怎么办？这就要切实处理好减负与增效之间的关系，做到既严格执行减负令，又切实增加效益。

怎样处理呢？我们必须切实抓住减负与增效的主阵地——课堂。通过科学的课堂教学，实现减负与增效的统一。

在课堂上，教师要积极引导学生全身心地投入，积极地实践，认真地思考，使学生达到一种"忘我"程度的学习；在课堂上，教师要从学情出发，从教育教学的规律出发，使教与学的内容、方法等符合人的认知规律；在课堂上，教师的施教应符合教育的本真，不求形式，不求时尚，不求花俏，操作简单，过程易行。

在课堂上，学生不再浮躁，不再马虎，不再欺骗，不再高谈阔论，全过程都在静心实践，认真思考，积极"考试"。教师不再是讲师，不再授业，不再呵斥，全过程都在观察与思考、发现与引导、关注与监考。

在课堂上，学生是学习的主人，我们要让学生真正认真、自主地实践，真正相互研究，共同探讨，不懈追求。在课堂上，学生当堂学的内容当堂掌握，决不留到课外，切实达到"堂堂清"、"节节清"、"题题清"、"人人清"。这样，课堂由复杂变简单，由不和谐变和谐。只有课堂高效了，学生课后才能真正轻松。

要想让学生课后轻松，就必须让学生课上紧张；只有课堂高效，才能课后减负；学生课上该吃的苦必须让学生吃，学生课后不该吃的苦决不让学生吃。这是正确认识和处理减负与增效关系的重要思想。只有这样才能真正实施素质教育。

在如此处理减负与增效的关系后，课堂上学生的学习质量岂能不高？既然学生在课堂上已经较为出色地达到了目标，还要占用课后时间去做无用功吗？还要再去补课吗？完全不必，所有补课都是因为学生成绩差才补的。如此，学生就可以利用更多的课后时间去自主发展。这样的课堂，这样的做法，怎么会不让学生乐学、好学、会学、学好呢？

　　学校本是育人的地方，让人神往的地方，学习本是对学生有益的事情，可是现在为什么有的学生厌学、逃学、辍学？为什么有的学生毕业后烧书、恨老师、骂学校？一个很重要的原因就是学生从中得不到"好处"，在学校里学习也就罢了，还要在家里学习，学生没有了自主支配的时间，学生成了全过程学习"死知识"的机器了。不要说成绩差的学生，成绩优异的学生不也是如此吗？还学生自我发展权，就是还学生自我发展的时间和空间，让学生干自己喜欢干的事情。所以，只有课堂高效了，学生才能自主发展，这就必须要打造一个高效课堂。

　　许多学校在这方面都进行了有益尝试，洋思中学也是如此。早晨6:40，学生起床后锻炼（不少于20分钟），吃早餐；上午7:30~11:20，学生要上四节课，每节课45分钟，中间插有课间操（不少于10分钟）、眼保健操（不少于5分钟）；中午11:20~13:50，学生吃午饭，午休；下午2:00~6:00，学生要上四节课，前三节课按国家规定上课，最后一节课为全校性的集体体育活动与个性特长展示、提升时间，把洋思中学的操场上写着的21个字的醒目标语"每天锻炼一小时，幸福工作50年，快乐生活一辈子"落到实处；晚上6:00~7:30，学生吃晚餐，洗浴，看新闻，阅读，练书法；晚上7:30~9:00，学生上晚自习，中途休息10分钟。总的算起来，学生每天真正用于学习的时间竟然不足7个小时，与其他学校比起来，至少要少3个小时。

　　只有通过课堂教学改革，真正让学生全过程学习，让学生做课堂学习的主人，课堂才能真正高效，学生负担才能真正减轻，学生才能真正成为一个自由发展的人。减负是减掉不必要的负担、课后过重的负担，绝不是减掉课堂学习必需的负担。课堂学习是应该有负担的，这是教师的教与学生的学的责任心的表现。

只有课堂负担到位，课堂效率才能提高，学生的课后负担也才能真正减下来。所以，"课堂高效，课后减负"，"课堂紧张，课后轻松"，"课堂用力，课后享受"。

六、文明规范与个性张扬的关系

《新课程标准》提出，教师要尊重学生个性，促其发展。于是，课堂上就出现了"热闹非凡"的场面，学生自由自在、随随便便的现象很严重，有的课甚至让教师无法继续上下去，教师处于两难的尴尬境地——严格吧，违反《新课程标准》，不符合新课改的要求，跟不上时代节奏；放手吧，课堂质量很差，不利于学生发展，于心不忍。

为什么会出现这样的情况？原因在于我们没有认识和处理好文明规范与个性张扬的关系。

很多校长和老师都到过洋思中学，听过洋思中学的课。我们可以看到，在洋思中学，学生都非常守纪，说话、做事都有条不紊，学生好像都经过特别训练似的，个个守规范，严要求，不敢越雷池一步。老师一声令下，学生无不精神抖擞，为着任务的完成、目标的实现而不懈奋斗，即便在合作学习阶段，学生也都在探讨，在研究。

为什么洋思中学的学生这么"听话"？为什么洋思中学的课堂这么"有序"？为什么洋思中学的课堂这么"有味"？因为洋思中学科学地处理了文明规范与个性张扬的关系。

洋思人认为，课堂是学生学习的场所，是学生生活与生命的一部分，是培养有个性的文明人、现代人的重要阵地，应该做到"我的课堂我主宰"。洋思人还认为，个性有好差之分，好的个性应充分张扬，差的个性应予以摒弃，课堂所追求的绝不是"为个性而个性，为张扬而张扬"，课堂应该放手、自主、互动，但为了效率，为了质量，为了实现理想，绝对不能随便、嬉戏、马虎，应顶真、积极、紧张，做到"放手而不放任，自主而不自流，互动而不浮动"。所以，为了体现出课堂是师生生活与生命价值实现的最重要的场所，洋思中学制定了《课内规则》，要求学生、教师在课堂上必须遵守这些规则。这些规则都是依据《中学生守则》、《中学生日常行为规范》、《教师日常行为规范》和《中小学教师守则》，并结合本校实际情况制定的。这些规则表面上是对教与学行为的一种约束，束缚了师生个性的发展与张扬；实际上，这些规则规范了师生的教与学的行为，明确了各自的责任与义务，对于师生的成长都是有益的，这些规则是对不良个性的一种修正与冲击，对师生成为文明人、规范人、现代人很有鞭策、激励作用。这些规则的制定是为了更好地实现教与学的目标，更高效地完成教与学的任务。

革命家谢觉哉说："人是生活在纪律里面的：守纪律，无论做什么，都有成功的可能；不守纪律或全没有纪律，就必然要遇到损失或失败。"纪律是学习的保证，是个性发展的基础，我们要求课堂教学必须切实、规范，这是以"本"为本，以人为本，有利于教与学工作的双赢。

七、动起来与静下来的关系

新课改强调"课堂上要让学生动起来"。于是，很多课堂都"动起来"了，而且不是一时的动，而是全过程都在动；不是一个人动，而是全员动，全班动，老师也跟着动。一些名家、名师甚至提出了判断学生是否动起来的标准——小手举起来，嘴巴说起来，脸颊红起来，眼睛亮起来，双方争起来等等。这只是表面的动，并非真正意义上的动。如果对动的内涵理解不深，对动的本质把握不清，采取的措施不当，课堂上学生的动就成为了骚动、躁动、浮动，在这样"动起来"的课堂上，学生还能学到真知识，求得真发展吗？一切都成了动的形式，为动而动，动成了装潢门面的一种表现形式，而不是促进学生发展的手段。学生在这样动的课堂上，缺少了自觉、自制、自醒，就会养成诸多不良习气，不仅不利于学业成绩的提高，也不利于个人品质的形成，"有百害而无一利"。

所以，我们必须正确理解"课堂上要让学生动起来"。要理解"动起来",就要去理解什么是"静下来"。

诸葛亮曾言:"学须静,才须学。"又言"静以修身","宁静而致远"。诸葛亮反复强调了学习需要静,此处的静就是静心专一。只有静下心来,埋下头来,用心真学,学习才会进步。此静是表面的"不为",此静是在酝酿果实,是为了更好地动,真正地动,从而更好地"有为"。

近代著名学者王国维先生在其文学评论专著《人间词话》中曾写过这样一段话:"古今之成大事业、大学问者,必经过三种之境界。'昨夜西风凋碧树,独上高楼,望尽天涯路',此第一境也。'衣带渐宽终不悔,为伊消得人憔悴',此第二境也。'众里寻他千百度,回头蓦见,那人正在,灯火阑珊处',此第三境也。"这三句本是描写相思的诗句,但王国维却用以表现"悬思——苦索——顿悟"的治学三重境界,他巧妙地运用了三句中蕴含的哲理意趣,把诗句由爱情领域推绎到治学领域,赋予了它以深刻的内涵。做学问、成大事业者,首先要有执著的追求,登高望远,瞰察路径,明确目标与方向,了解事物的概貌;成大事业、大学问者,不是轻而易举,随便可得的,必须坚定不移,经过一番辛勤劳动,废寝忘食,孜孜以求,直至人瘦带宽也不后悔;成大事业、大学问者,必须要有专注的精神,反复追寻、研究,下足工夫,自然会豁然贯通,有所发现,有所发明,就能够从必然王国进入自由王国。这三种境界突出了学习中"静"的重要性——学习是静思默想、静心钻研、冥思苦想的过程,不经历这样的静心求学的过程,学习是很难有成就的。

不论是诸葛亮之"静",还是王国维之"境",其实都包含着"动",即思想的追求,思维的灵动,情感的蓄动,行为的主动,这是一种"内动"、"隐动"。

新课改强调"让学生动起来","动"不是浮动、乱动、骚动、形动,也不是表面的热闹、繁华,而是心动、真情互动。

学生真正地自主读、自主研、自主练、自主思才是学生个体的真正的动,这就是自动、静动、主动。学生之间互相说(包括轮流演说和组内互相说,使老师的一言堂变成群言堂，由一个老师变成几十个"老师"，这种做法必然能促进全班同学的共同进步）、互相看（同学之间互相看看别人的表演或表现，看看别人的作业或其他，这不仅能达到了解情况的目的，还能让学生当当小老师，体验到成功的喜悦，同时还能在学生之间产生一种竞争，努力提高自己的学习水平，学生就会更加想学、爱学，从而更容易掌握知识，形成能力）、互相辩（给学生提供更多的讨论、分析和辩驳的机会，使学生在知识方面互相补充，在学习方法和能力上互相借鉴，协作创新，学生的思路就会越来越广阔，思维能力也会大大提高）、互相帮（这种帮是一种优势互补，好的帮助差的，会的帮助不会的，思维深刻的帮助思维肤浅的，思维正确的帮助思维错误的，思维全面的帮助思维有缺陷的，加强学生互帮互助、团结协作意识的培养，从而使"贫者"变富，这是扶贫策略的一种运用与体现）、互相考（让学生自己出题考别的学生，即学生互为老师，通过同桌互考、组内互考、人人考全班等形式使学生主动学，学生个体思维得到提高，学生群体同样得到发展，教学效果就不言而喻了）才是学生群体之间的真正的"动"，这就是互动、能动。

所以，外动是形式，内动是根本。如果只一味地追求表面的形式，而不追求课堂的实质，那就是做表面文章，这样的课就是"绣花枕头"，中看而不中用。只有变动为静，化动为静，静中求动，以静制动，动静结合，才能达到"此处无声胜有声"的效果，这样，课堂的生动性、实效性才能得到真正的体现。

八、过程与结果的关系

《新课程标准》特别强调过程与结果的关系的处理。我们大家都清楚，没有好的过程一定不会有好的结果，要取得好的结果必须要有一个好的过程。但是我们在实际工作中，却不能切实践行，有时行为还会出轨，造成过程虽然看似很好，但结果却很不如意，或者过程虽然存在问题，结果却很不错，就像"瞎猫捉了个死老鼠"。这就给了我们一个错觉——过程与结果并不是完全统一的，过程与结果有时是相反的。这样的观点是不正确的。

从过程与结果的性质上看，结果通常表现在认知层面上，而过程比较丰富、复杂，有情感的问题、态度的问题、意志的问题、兴趣的问题等等；结果常常以固定的、静态的、封闭的"产品"形式（如分数、名次、得到的票数、是不是通过、考取的学校、获得的奖励等）存在着，而过程没有固定形式，过程是开放的、灵活的、不可测的、发展变化的；结果，尤其是教学结果，是通过特定的主体运用一定的形式，在特定的时间、地点对被测者的一种检测，结果往往是线性的，比较客观、确定，而过程常常是非线性的，与个体的主观因素关系很大，不确定性较大，与相关的人、事、物紧密相连。

所以，教学的过程与结果具有不同的教育价值：结果追求的是即时效用，过程追求的是对学生的长远效用，学生身心的发展，能力的提升，习惯的养成等等都是通过过程来实现的。我们应该看到两者之间的关系，过程与结果既是对立又是统一的，过程产生结果，结果又催生新的过程。在教学中，教师要做到让学生以获得知识为载体，在学习中学会发现问题、解决问题，学会寻找答案的过程与方法，培养学生持久的意志品质和价值观念。同时，要做到重过程决不能以牺牲结果为代价，因为基本的知识是形成逻辑思考的前提和基础，而低一级的知识更是高一级过程的催化剂。只重过程不重结果是对学生不负责任的表现，会导致学生学习能力的缺失，导致学生前途未卜，给学生造成不该有的损失。结果是知其然，过程是知其所以然，结果要说得出来，但也要讲出一个为什么，这就需要有一个有效的过程作铺垫。

我们重点分析了课堂教学中的八种关系，实际上，课堂中的关系有很多，决非只有这七种，譬如还有课前、课上、课后的关系，各门学科之间的关系，三维目标之间的关系，教学内容、教学进度、教学时间的关系，新授课与复习课的关系，教学进度快与慢的关系，教学内容多与少的关系，等等。

这些关系都需要我们一个个地审视与处理，如果处理不当，课堂就会不和谐，课堂不和谐，教育就会出现问题，那么，学生的发展就会受到阻碍，育人目标就不可能实现。

　　总之，和谐课堂是进行课堂改革的重中之重，是课堂改革的归宿，是高效课堂的追求。谁抓住了和谐，谁就抓住了课堂改革的牛鼻子。谁就有希望迎来课堂改革成功的曙光。

第二讲 发展：高效课堂的目标

上一讲，我们重点分析了高效课堂的追求，也就是"和谐"，得出了一个重要的结论，那就是作为老师，我们必须全力构建一个和谐的课堂。只有课堂和谐了，一切问题才能迎刃而解。

这一讲，我们来重点研究高效课堂的目标问题，也就是通过构建和谐课堂，最终要达到一种什么样的状态；也就是用什么样的标准来衡量与评判一堂课究竟是否高效。

关于高效课堂的目标问题，我们主要从教师对高效课堂目标认识上的误区、高效课堂的内涵以及高效课堂的范畴三个方面进行分析。

目标是工作的导向，如果目标不明确，就会失去改革的方向。但在实际教育教学中，很多老师在目标认识上存在着很多误区，其中以两种误区最为典型。

对高效课堂目标的认识上的误区

高效课堂的目标是什么，现在很多教师在认识上存在着误区，其中以两种误区最为典型。

一、高效课堂的目标是自主学习、合作学习、探究学习

2001年，全国义务教育学校全面推行了新课程改革，出台了《新课程标准》（试行稿），它成了指导广大教育工作者进行新课改的一个最为重要的文件。

《新课程标准》（试行稿）提出"要切实改变教与学的方式，积极引导学生进行自主学习、合作学习、探究学习"。我们通过询问、调查等方式发现，很多老师认为，课堂教学改革的目标就是让学生自主学习、合作学习、探究学习。《新课程标准》（试行稿）也提出"一堂课只要做到了让学生自主、合作、探究，那么，这堂课就是新课改的课，这样的课就是和谐的课，这样的课就是高效的课"。

果真如此吗？通过研究，我们认为这样的理解是片面的，是错误的，对新课程改革的推进与发展是非常有害的。

在这里，我们不妨先举一个例子，大家也许会从这个例子中得到一定的启示。

大家都知道，从1978年开始，经过30多年的改革开放，中国农村发生了根本性的变化，尤其是农民变得没有以前那么辛苦了，但收益却增加了。过去，全村人一起出动，起早贪黑，吃苦受累，但仍吃不饱，穿不暖；现在，房子变高了，家具变多了，条件变好了。老百姓从来没有这样幸福过。是什么使老百姓有如此变化？有人说，是政策，是党的政策好。政策很重要，但光有政策，老百姓就会有变化吗？不会。有了政策，没有人愿意去干行吗？光愿意，也不行，如果干了却没有收益谁去干？收益是第一位的。什么是收益？就是老百姓通过自身的劳动，即付出了，就要有回报。这种回报不是小的回报，而是大的回报，更大的回报。怎样才能有大的回报？光靠人多不行，还要靠科技。

改革开放的30年，是科学技术水平不断提高的30年，这也进一步促进了农民耕种技术的提高，由于新的高科技的运用，农民的负担减轻了，生活比过去惬意了，收益也成倍地增长了。我们单看农民栽秧，六七十年代如何栽秧？全家人出动，从早忙到晚，忙得腰酸胳膊痛，但结果呢？一家人还是吃不饱，穿不暖。到了八九十年代，各地进行了劳动方式的改革，由原来的栽秧变成了抛秧——将秧苗挑到田头，从田头抛向田间，而不用再左右前后上行上线，只要大体匀称就行，虽然开始老百姓有点不愿意，很担心这样人清闲了，亩产量也会下降，但亩产量会不会真的下降呢？通过实践，大家终于认识到，这种方法的运用比原来栽秧的收益大得多，既清闲又有收益，哪个农民不愿意这么做呢？于是抛秧技术迅速推广开来。到了21世纪，一直到现在，农民种田又发生了根本性的变化，那就是不再抛秧了，不再先进行育秧，再去拔秧、栽秧、抛秧了，而是一次到位，直接在田地里种秧，农民的田也不再分什么母田、主田，统一叫稻田了。只要将稻种放进播种机中，由播种机进行耕种即可，这样不知解放了多少劳动力，结果，产量却是原来的2~3倍，有的甚至更高。我曾因此请教过一位老农，老农讲，现在的耕种方法好啊，这样更加符合秧苗生长的规律。过去栽种搞的是人为培育，让人看了舒服，但不符合秧苗生长的规律，因此，当然是"吃力不讨好"的了，而现在，一次到位，把种子直接放到它生长的环境中去，避免了对种子的二次、三次伤害，不再搞形式，而是让种子实实在在地生长，岂不更加科学，更加合理？产量提高了，农民当然高兴了。

通过上面的小例子，我们可以得出什么结论？显然，至少可以得出两点：

第一，农民为什么高兴？因为农民的负担减轻了，还有更重要的一点就是亩产量提高了，收益增加了，日子更好过了。

第二，亩产量为什么会提高？不是因为由栽秧到抛秧再到种秧这些耕种方式的改变，这些只是表现形式的改变，而是因为支撑这些形式改变的科学性的东西，那就是种秧这种耕种方法更加符合科学，更加符合自然的规律，更加符合庄稼生长的规律。只有符合科学的东西，生命力才会长久，才能得到广大人民的支持。

我举这个例子想说明什么？提高亩产量，让农民生活好起来是农村改革的目的，其他都必须服从服务于此，脱离了这个根本点，一切都将是形式。

我举这个例子还想说明什么？提高亩产量的方法有很多，栽秧也好，抛秧也好，种秧也好，不管什么方法，只有达到目标才行，否则，就不能长久。栽秧、抛秧、种秧只是达到目标的方式、方法、手段而已，提高亩产量才是目的，它们是末与本的关系。

我举的这个例子与我们的课堂教学改革有什么关联呢？我们的课堂如同农民耕种的田地，我们的学生如同农民种地用的种子。农民种地的目标就是要让田地产生最大的收益，课堂教学的目标就是要让课堂效益最大化；农民不断改进耕种方法就是为了实现提高亩产量的目标，教师不断改进教学方法也是为了达到提高课堂效率的目标，两者大同小异。

提高课堂效率的方法、手段、策略有很多，新课改提出的自主学习、合作学习、探究学习就是很重要的方式与方法，它们是达到高效课堂的目标的手段与策略，但绝不是目标，也就是说，运用了这三种方法，不能说就已经达到了目标，还要看具体实施的效果，效果好了，说明手段是有用、有效的，否则，就说明手段是无用、无效的。

二、高效课堂的目标是有效

通过分析，我们知道高效课堂的目标不是自主学习，合作学习，探究学习，它们是达到高效课堂的目标的手段、方法、方式和策略。

那么，高效课堂的目标究竟是什么呢？有人说，是"有效"。

新课改背景下，许多关于"有效"的概念被提出来。比如有效教学，有效课堂，有效提问，有效引导，有效作业，有效互动，有效自主，有效评价，有效批改，有效创设情境等。

通过研究，我们认为"有效"二字提法不够准确。

何谓"有效"？它是一个高弹性的概念。它是相对于"无效"而言的。在《现代汉语词典》中，"有效"意为有效果。"有效教学"自然就是有效果的教学。

有效教学是相对于无效教学而言的。那么，何谓无效教学？无效教学就是没有任何效能、没有任何作用的教学。

新课改背景下，"有效教学"的问题被提出来。这是相对于传统教学、"无效教学"而提出的问题。传统教学果真是"无效教学"吗？显然，这样的判断是不准确的。真正的无效的课堂几乎是不存在的。无效课堂培养无用之人，我们现在很多人不都是传统教学的产物吗？难道他们都是无用的人吗？这显然与实际不符。我们只能这么讲，传统教学不是无效的，而是低效的。试问，我们所进行的哪一节课没有效果呢？传统的满堂灌的课堂教学就没有效果吗？答案当然是否定的。不管什么样的课堂都会有一定的效果，对你可能无效，但对他来说，却可能有效，在这方面可能无效，但在那方面却可能有效，纯粹的"无效课堂"是根本不存在的，传统教学不也培养出了很多人才吗？但人才培养得不多、不尖、不快却是事实，这就是钱学森在去世之前向温家宝总理所提出的"中国教育"的问题。

由此可见，传统教学也是一种有效果的教学，但效果不好、不尖、不突，这种教学是一种低效教学，所以，新课改背景下提出的"有效教学"的问题是不准确的。

高效课堂的内涵究竟是什么？不是其他，是"发展"，是"人的又好又快的发展"。这样，高效课堂就必须体现出三个方面：效率高、效益大、效果佳。

高效课堂的内涵

高效课堂的内涵究竟是什么？通过比较、分析和实践，我认为是两个字——发展。当然，这种发展不是小发展、慢发展、浅发展，而是大发展、快发展、深发展，就是要充分体现"科学发展观"的实质，实现课堂教学更快更好的发展。

"高效教学"与"低效教学"相对，传统教学是低效的，必须通过改革达到高效，即必须达到又好又快的发展。发展才是硬道理，发展才是高效课堂的目标，才是和谐课堂的追求。只有课堂真正发展了，课堂才是和谐的，课堂才是高效的，否则，课堂就是不和谐的，就是低效的。发展是评判一堂课是否真的和谐、高效的最重要的标准。

那么，高效课堂的实质究竟是什么呢？

要弄清什么是高效课堂，就必须先弄清什么是低效课堂。

传统教学普遍存在着低效现象。所谓低效，是指少（内容少）、慢（速度慢）、差（效果差）、费（时间费），这样的课堂就是低效课堂，这样的教学就是低效教学。

高效是相对于低效而言的，高效是指变少、慢、差、费为多（内容多）、快（速度快）、好（效果好）、省（时间省），变事倍功半为事半功倍，它是科学发展观的核心思想——又好又快的发展的充分体现。这样的课堂就是高效课堂。

具体来讲，高效课堂应该包括三个方面的内涵：

一是提高课堂效率，二是实现课堂效益的最大化，三是达到最佳的课堂教学效果。

我们所讲的"效"是指三个方面的效：一是指效率，二是指效益，三是指效果。

光有效率不行，还必须做到效率高、效益大、效果佳。

什么是效率高？就是课堂达成度高，即学生知识掌握扎实，课堂检测分数高。

什么是效益大？就是课堂发展度大，即课堂上学生学习兴趣浓，行为习惯好，能力提升快，素质发展全。

什么是效果佳？就是课堂满意度好，即课堂教学目标、形式与内容达到和谐的统一，达到过程与结果的完美结合。

高效课堂不仅要让全体学生在课堂上都能得到分数的提高，更要使全体学生在课堂上都能得到素质的提升。仅此还不够，还要使教师得到"又好又快的发展"，最终实现师生共生双赢。

高效课堂的范畴

新课改背景下，有一种说法很时髦：课堂上要让每一位学生都绽放生命色彩。这句话突出了课堂上学生的发展问题，应该说很有新意。但课堂上仅让学生绽放生命色彩吗？课堂是教师和学生共有的课堂，离开了谁都不能称之为课堂，促进教师的发展，也是新课改的一个重要目标。课堂上不仅要让学生绽放生命色彩，使学生达到高效，也要使教师绽放生命色彩，使教师达到高效。

课堂高效，包括两个高效——教师高效和学生高效。教师高效和学生高效是课堂高效的两翼。只有既让教师高效又让学生高效的课堂才是真正的高效课堂。

一、教师高效是学生高效的前提和基础

教师高效，就是通过实施课堂教学，使教师能够在课堂上得到又好又快的发展。

我们通常把教师分为六类：

1. 坏教师：对学生进行错误教育、错误引导、错误影响的教师。
2. 差教师：工作不负责，让家长、学生都很不满意的教师。

3. 小教师：教学工作一般，得过且过，仅以教学为谋生职业的教师。

4. 好教师：教育教学工作走在前列，得到学校、家长、学生、同事认可的教师，如校级先进教师。

5. 名教师：教育教学工作在一定地区有一定影响，有一定的教育教学思想的教师，如省级特级教师、市级学科带头人。

6. 大教师：用科学、先进的思想进行教育教学工作的教师，如孔子、陶行知、叶圣陶。

做教师，固然不能做一个坏教师、差教师，同样，也不能仅做一个小教师。我们应该做一个好教师、名教师，乃至大教师。

所以，教师也应该追求自身的发展，不能做"到死丝方尽"的"春蚕"、"成灰泪始干"的"蜡烛"。我们不仅要奉献，而且要有发展、有名气，努力成为一个太阳，一个闪闪发光的太阳——既能照亮别人，促进他人发展，又能实现自身的价值。这才是教师生存的意义，教育的价值的体现。

那么，教师如何成为"太阳"，让自己绽放生命色彩，使自己成为一个高效的教师呢？我们通常可以采取以下方法：

1. 走出去：到外地、外校求学，他山之石，可以攻玉。

2. 请进来：请专家、名师到校讲学，学其长，用其法。

3. 校本培训：积极参加学校组织的各种培训，不断提升教育教学水平。

这三种方法确实有效，但这些不是最有效的方法，我们走出去学习的老师还少吗？我们请进来的专家还少吗？我们进行校本培训的次数还少吗？但结果真正能成为名师者又有多少人呢？为什么效果不明显？因为这些方法只提供了一个平台，只是一个外部条件，一切只有变为教师自己的需求，只有转化为内部的发展的需要，成长才能成为可能。所以，打造教师最重要的办法不是以上三种，而是第四种——自我培训、自我打造、自我提升。自我培训、自我打造、自我提升的主渠道在哪里，应该如何进行？

不在其他地方,而在课堂,在课堂上的真正教学,真正实践,真正研究。教师只有做到"三个走进",才能真正促进自身的发展,达到教师高效的目标。

1. 走进课堂

也许有人说,这不是废话吗?我们哪一个做老师的没有"走进课堂"呢?是的,我们人走进了课堂,但心走进课堂了吗?神走进课堂了吗?只有全身心地走进了课堂,才是真正走进课堂。在研究中,我们发现有些老师对课堂不钟情,不喜欢,把课堂当成一个折磨人的场所,见上课了,不是高兴,而是心中有很多抱怨。这样做不仅无益于身体,也无益于工作。正所谓"干一行,爱一行","既来之,则安之","不能改变现实,那就适应现实",高兴要走进课堂,不高兴也要走进课堂,为什么不高兴地走进课堂呢?所以我们应该高高兴兴地走进课堂。高兴到什么程度?我们应该把课堂当作试验田,像袁隆平一样高高兴兴地到实验田中去做实验。这样,心态就正确了,心态正确了行为也就正确了,效果自然就会好起来了。千万不能"人在心不在,思想开小差"。

2. 走进学生

在走进课堂的基础上,教师还必须真正走进课堂上的学生。走进课堂上的学生,就是一切从学生的实际出发,为每一个学生做好服务工作,采取一切办法来提升学生。有老师说:"这怎么可能?一看到那些差生的面孔我就来气,他们的错误太多了,他们的思想太差了,他们的成绩太令我失望了,让我走进他们,岂不是笑话?我上课都懒得看他们。"如果怀着这样的心态去上课,不仅苦了自己,而且还会害了学生。我们应该像袁隆平一样,平等地对待每一株小苗,高兴地看着每一株小苗长大,尽管长势不同,但都是研究的对象呀!只有真正走进学生,把学生作为自己的研究对象,我们在课堂上才能大有作为,学生在课堂上也才能有所作为。

3. 走进问题

在走进课堂、走进学生的前提下,教师还必须走进课堂上的学生的问题。课堂是学生学习的地方,是学生发展的地方。学生怎样才能发展?这就需要教师实实在在地去发现学生在学习过程中出现的诸多问题,去想方设法地引导学生解决自身存在的问题,使学生从不会到会,从不知到知,从不能到能,从不行到行,从浅知到深知。学生发展了,教师也就在学生的问题的解决过程中得到了发展。走进问题,要求教师像袁隆平一样去寻找每一株小苗"身上的问题",把每一个问题作为自己研究的课题。当然,不必都去进行正式的课题立项,但一定要把每个学生的问题作为一个微型课题进行研究。有的"课题"能够瞬时结题,有的需要很长时间才能完成。如果长期这样做,我们就长期处于一种研究的状态,我们的研究水平不就得到提升与发展了吗?

三个走进——走进课堂、走进学生、走进问题,实质上要求我们所有教师把课堂作为研究的基地,把学生作为研究的对象,把问题作为研究的课题。在实践中发现问题,在发现问题中解决问题,在解决问题中提升能力,实现价值。再加上课后的及时反思,教师的成长、成功就成为了可能。这样,我们就可能成为真正的来源于实践的研究型教师、反思型教师、专家型教师,就可能成为真正的"实践型的专家"、"高效型教师",而不是"纸上谈兵型教师"。这样做教师,自己快乐,学生受益。

我常用三句话来强调教师的作用:教师决定学生,教师影响学生,教师发展学生。怎样的教师培养出怎样的学生。只有教师高效了,学生的高效才有可能,如果教师不高效,学生肯定不高效。

把自己培养成一个高效的教师是教师自身职责之所在,是教师自身的追求,是育人的要求。所以,我们每一位教师都必须想方设法将自己打造成一个高效的教师。

二、学生高效是课堂高效的核心与关键

教师高效是学生高效的前提和基础,但评判一堂课是不是真的高效,不是看教师,而是看学生,看学生是不是达到高效。如果学生不高效,我

们就不能说教师是高效的，课堂是高效的，教师的高效决定着学生的高效，学生的高效反映了教师的高效；只有学生高效了，我们才能说教师高效，课堂高效，学生高效是课堂高效的核心与关键。

那么，什么是学生高效呢？就是学生在课堂上得到"又好又快的发展"。具体来讲，包括四个层面的高效，只有这四个层面都达到高效了，整个课堂才是高效的。

1. 成绩的高效

也许有人会说，都什么时候了，还讲课堂成绩的高效，这不是典型的应试教育吗？这不是"过街的老鼠——人人喊打"吗？我们现在追求的可是素质教育啊！

我所要强调的是，现实教育是不能离开分数和成绩的，离开了分数与成绩的教育是不现实的教育，因为到现在我们还未能找到一个真正能取代分数用人的方法。学生的主要任务是什么？当然是学习。学习好坏用什么评价？自然是分数。有人说是素质，我不否认，但素质又该如何评价呢？能保证公平吗？能保证测量精确吗？现在，很多高校都进行了招生制度改革，有的将学生实践等综合素质、学校评价纳入其中，北京大学等多所名校推出了让一批高中自主推荐学生作为高校自主招生候选人的改革，但最终如何呢？还不是均逃脱不了要上分数线？还不是最终都以分数说话？以分数公示？不要说学生上学，就是现在的公务员录取工作，不也是以分数排名录取吗？事实上，现在很多评价指标都已经不可信了，只有分数才有公信力，"分数面前人人平等"才是不争的事实。脱离了分数来评价某人，就可能出问题，出大问题。

人的发展如此，学校的发展也是这样。一所名校是如何诞生的？无不是靠分数起家的。翻开名校的发家史，哪一个不是这样呢？洋思中学是这样，杜郎口中学是这样，东庐中学是这样，河北衡水中学是这样，江苏启东中学是这样，北京101中学也是这样。有人说，义务教育学校确实如此，但一些特色学校就不是靠分数起家的。这种说法是不正确的，这些学校虽然没有文化知识的分数，但却有技能的分数，有技能的排名，这是另一种形式的分数啊。

分，是学生的命根，是家长的命根，有了高分，学生才能上好学校，家长才能高兴；分，是学校的命根，有了高分，学校排名才能靠前，校长才能有好的发展与未来；分，同样也是教师的命根，教师的好差固然从师德、教研等方面进行评判，但教师要真正得到发展，没有成绩却是不可能的，好教师都是教学能力强的人，教学能力强就是学生考分高。如果学生考分低，毋庸置疑教师排名就自然落后，这样的教师能成为好教师吗？如果他们是好教师，那学校如何管理？如何发展？如何引导教师发展？每一个校长都不会这样做的。

如果校长到某班听课，最后进行检测，结果，平均分数不及格，那么，如何评价这堂课？自然是差课，而全然不管这是一个应试型的课堂还是素质型的课堂了，分数可是最为重要的评价依据之一啊！

所以，在如何对待课堂分数这个问题上，我们必须做到"理直气壮抓质量，不屈不挠求分数"。

2. 素质的高效

我们必须高度重视分数，追求分数是没错的，是应该的，"没有分数今天过不了关"，"没有分数谁都过不了关"。但应该追求一个怎样的分数，应该怎样追求分数却是我们每一位有责任感、使命感的老师应该思考的问题。

显然，我们应该追求素质型的分数，而不是应试型的分数。我们应该将分数与素质协调起来看，而不是对立起来看，应该做到"分数素质化"，"素质分数化"，"透过分数看素质"，"两手抓，两手都要硬"，"一手抓素质，一手抓分数"，"表面抓分数，实质抓素质"。

一个班上的学生是同一个老师在教，但学生的成绩为什么有所差距？为什么两个智力水平差不多的学生的成绩差距却很大，甚至出现看上去非常聪明的学生，成绩却很不如意的情况？原因有很多，其中一个重要原因就是学生在课堂上的表现不一样。成绩好的学生认真、积极、努力、向上、有理想、有追求，所以在课堂上尽自己的可能主动、自觉地去求知；成绩差的学生却不那么认真、积极、努力、向上，他们把学习当成一个差使来完成，学习不主动，不自觉，不持久，耐力不够，态度不够端正，习惯不够良好。

由此可见，学生学习成绩的差距，主要不是智力上的差距，而是素质上的差距。素质上的差距导致了学习成绩的差距。

何谓素质？素质不是音体美，而是真善美，真善美才是一个人素质的内核。音体美是技能，是能力，是本领。我们身边有很多能歌善舞、能说会道、能掐会算之人，但他们却并非都是有素质之人，他们中有些人不以人民利益为重，利用自己的所能干一些非法勾当，成为了社会的蛀虫。而在我们身边也有一些人，虽然他们的能力、水平、本领有限，但他们却得到了人们的称赞，如清洁工，他们每天早上把地面打扫得干干净净，让广大市民享受到整洁的环境，不是一次，而是持之以恒，几十年如一日。清洁工为什么能做到如此？就是因为他们有素质。大家都知道的卖票劳模李素丽，虽然工作简单，但她能做到极致，能用心工作，所以得到大家的高度赞扬，这是因为她心中有工作，有乘客。因为他们心中有真善美，所以时时、处处、事事都求真、求善、求美。

同样，我们广大教师也有本领——教书育人的本领，但教书育人只是教师的本领，为教育提供了可能，能否真正地教好书、育好人却由素质来支撑。如果教师求真、求善、求美，他就能教好书、育好人；相反，如果教师不求真、求善、求美，他就不能教好书，育好人，尽管他有教师的称谓。

学生也是如此。成绩之差距，不在智力上，而在素质上。素质高的学生，即"真善美"品质的不断追求者，自然成绩好；相反，素质低的学生，即"真善美"品质低下者，自然成绩差，即使成绩上去了，也是偶然，也必然不能持久。

那么，怎样理解素质之"真善美"呢？

所谓"真"，就是陶行知先生所说的"千教万教教人求真，千学万学学做真人"之"真","真",即在课堂上做一个真正的学生,真正地学习,竭尽全力求知,而不是只要坐在教室里就是学生,只要在课堂上听了、记了、做了就是学习。

所谓"善",不只是心地善良,具有同情心,而是应该具有感恩心、报国情。如果一个学生趴在课堂上,不听,不学,不做,就说明这个学生没有善心,尽管平时这个学生能帮助他人,但这个学生缺少感恩心、报国情。家长把他送到学校不是让他来睡觉的,而是让他来学知识,学能力,为其未来发展奠基的。国家实施九年义务教育,让所有孩子都有学上,都能上好学,而这个学生却不好好读书,请问这是善吗?这是对家庭、对国家负责吗?

所谓"美",不只是外表的华美,表面的语言美,而是一种不懈追求的精神,一种与困难作斗争、不达目的不罢休的精神。如果学生在学习中遇到问题,不积极地去处理,不首先依靠自己的力量解决,弄懂弄通,而弃之一边,不管不问,等、靠、要,让老师、同学来帮教,那就不是美;如果学生考差了,不找自己的原因,而怨天尤人,不下决心、想办法,而依然如故,不求上进,不思进取,那也不是美。缺少了美,要想进步,要想提升,那比登天还难。

所以,只有不断地培养学生在课堂上的"真善美"的品质,学生的目标才能明确,习惯才能养成,态度才能端正,品质才能提升,如此,学生的学习成绩才能得到真正的提高。"素质决定分数,分数体现素质","分数是素质的综合体现"。

3. 每一位学生都高效

教育为了谁?不是为了少数学生,也不是为了绝大多数学生,更不是为了极少数学生,搞所谓的精英教育,而是为了所有的学生,我们要做到"一个都不能少",只有每一位学生都高效了,课堂才是真正高效的。

洋思中学有一个与众不同的办学理念——"没有教不好的学生"。它的意思是所有学生都无一例外地能被教好。这一理念有着特定的内涵:

第一，它充分地体现了"尊重主体，面向全体"的教育思想。这一理念要求教师在教育教学过程中，从"人"的发展的高度出发，面向所有学生施教，针对不同的学生进行不同策略的施教。它体现了正确的教育观：教育就是无条件地教好每一个学生，能教好每一个学生的教育就是"好教育"，不能教好每一个学生的教育就是"差教育"，至少不能算是"好教育"。这与我们国家所倡导的教育方向——"一切为了学生，为了学生一切，为了一切学生"是一致的，与美国教育提出的"不让一个掉队"、英国教育提出的"每一个孩子都重要"的理念也是一致的。这一理念以人的"潜能论"为理论依据，在此理论的指导下，洋思中学提出了学校和教师对于学生应持有的"没有差生，只有差异"，"只有不同，没有不好"，"只有可能，没有不能"的观点。学生与学生之间的差异是客观存在的，但学生没有好坏之分，用不同的尺子衡量学生，就会多出一批好学生，要用科学发展观的思想对待学生，要求学生，发展学生。事实上，正因为学生之间有差异，才有人的多彩性、丰富性、社会性，也正因为差异的存在，才需要因材施教。

第二，它较好地落实了教不好学生的责任人——教师。这一理念强调了教师的教的作用——一切差生都是教师教出来的，差生的一切问题都是教师的问题，一切差生的问题都是教师的问题。就像工厂生产产品一样，如果生产出来的产品不合格，这不是工人的责任吗？这不是工厂的责任吗？老师是教不好学生的责任人，学生之所以教不好，是因为老师"一不四没有"。

"一不"：不相信学生能学，不相信学生能学好。

"四没有"：

（1）没有情感：对学生、对教育事业不热爱，没有深厚的感情，没有情感，怎么可能教好学生呢？

（2）没有能力：自己水平不够、方法不行、能力不强，导致不会教，不能教，最终教不好。

（3）没有恒心：由于学生的可塑性，变化性，教育学生不是一朝一夕之事，有些老师缺乏锲而不舍的精神，不能持之以恒，总想"一锹挖出一口井"、"一口吃出一个胖子"。结果，功夫不到家，时间不到位，致使功亏一篑。

（4）没有责任：由于大家普遍认为，教育是公益事业，是一种良心职业，所以教育缺乏一种责任考核，缺乏对"教得好"与"教不好"的界定和奖惩。又由于学生差异性的存在，为某些教师"教不好"学生找到"科学性"的"理由"，致使教师不能像对待自己的子女（一定要想方设法教好）一样对待学生。结果，"教得好"与"教不好"没有任何区别，这就导致"教得好"与"教不好"对教师而言也就无所谓了——教好了，不过如此；教不好，也不会把我怎么样。

从上面的分析我们可以看出，虽然影响学生发展的因素有很多，有家庭的因素，社会的因素，也有遗传的因素，但我们不能因此而减少自己作为教师的责任。作为教师，我们的职责就是想方设法地教好每一个孩子，我们首先要有这么一个思想，有了这样的思想，才会去努力实践。

第三，它深入揭示了教育的真谛与本质。教育的真谛与本质是什么？我认为就一个字，那就是爱。没有爱，就没有教育！没有爱，就没有一切！有了爱，才有希望！有了爱，一切才有可能。有的教师也许会说，他是爱学生的，但我认为，只有真正的大爱、博爱、厚爱，才叫爱，也只有这样的爱才能化腐朽为神奇，才能变糟粕为精灵。那么，什么是真正的爱呢？只有做到了"把别人的孩子当成自己的孩子"、"去教好一个别人教不好的孩子"这两点，这样的爱才是老师无私的爱、大众的爱、普遍的爱，才是教师真正的特殊的爱。

第四，它暗含了正确的评价观。评价一个学校好与不好，就看学生有没有教好，评价者应不是教师、校长，而应是家长。这体现了教育的信念：教师是能教好孩子的，学生是能被教好的，家长对教育总是充满希望的。

第五，它突出了教育的追求。每一个学生都是重要的，因为他们都是唯一的，只有对每一个学生都负责的教育才是真正的教育。

有人说，如何使每一个学生都高效呢？有些学生"顽固不化"、"死猪不怕开水烫"，对于这些"问题学生"，教师该怎么办呢？我们要做到六个字——"死马当活马医"，只要学生"一息尚存"，我们就要"救人"。怎么救？施用什么样的策略？我们要做到四个字——"逼上梁山"。

什么是"逼上梁山"？就是动用一切可能的手段与方法，逼使学生"就范"。学生求学有三种基本类型：一是外在压力的被动学，二是情感体验的推动学，三是价值实现的主动学。由于学生年龄小，认识浅薄，一般都需要外在的压力"逼使"其学。在学的过程中，学生得到了愉悦的情感，就能促进提升，在提升中反复成功，自身价值就得以实现，于是就会主动地学习，将学习变成一种自觉的行为。孔子说："知之者，不如好之者，好之者，不如乐之者。"从知到好，从好到乐，步步深入，自然就会不断进步。但并非所有的学生都能一开始就"好"，对于特别的学生，只有用特殊的手段才能将其制服，那就是"逼"的策略——施用外在的力量使其认识，使其变化。

怎样"逼"呢？我们要发扬"三不"救人精神（不放弃，不抛弃，不遗弃），在课堂上"盯住他，缠住他，粘住他"。这种"逼"的实质就是相信学生能变，相信学生会变，相信学生可变，这是在充分了解、认识学生的基础上所采用的科学策略。通过这一策略，让学生在课堂上一定要投入，一定要参与，一定要思考，一定要用心。这些所谓的"问题学生"，不是先天造成的，而是后天成绩差造成的，成绩差就导致纪律差，纪律差就导致思想差，所以，我们必须抓"差"的源头，解决好他们在学习上存在的问题。不学习、不想学习、认为自己不能学习是这些"问题学生"的共同特点。因此，教师必须采取非常之举，在课堂上要做到"矫枉过正"，"榨尽最后一滴血"，使他们认为自己行、可、能。

有人说，如果我将学生"逼"死了，"榨"完了，怎么办？"逼"和"榨"都是在了解学生的基础上采用的科学的策略，不仅是一种技术，更是一种艺术，而人是活生生的，千变万化的，"一把钥匙只能开一把锁"，采取什么样的"逼法"，要完全根据学生而定，没有一成不变的"逼法"，这就是"因材而逼"、"因材施教"。

"逼上梁山"实质就是挖掘学生内在的潜力。每一位学生都是一座无穷无尽的"金矿"，学生的潜能是无穷的，教育学生首要的是"唤醒"，只有"唤醒"了学生，学生才能有所知，有所觉，有所发展。

4．每一分钟都高效

学校最大的浪费是什么？我认为不是人才的浪费，不是金钱的浪费，不是财物的浪费，而是时间的浪费。而时间的浪费中，最集中的浪费是课堂时间的浪费。课堂时间的浪费现象是可怕的。一堂四十五分钟的课，真正起作用的有几分钟？有的不到十分钟，这样的课不低效才怪呢！

什么是课堂效率？课堂效率＝课堂有效学习时间/课堂实际使用时间。课堂实际使用时间是一定的，而课堂有效学习时间是可变的，数字越大，课堂效率越高，相反，数字越小，课堂效率越低。所以，我们必须高度重视课堂时间的利用率。

怎样提高课堂时间的利用率呢？那就要在课堂上每一分钟的使用上下工夫，让每一分钟都能真正发挥作用，做到"不让一分钟虚度"，"每一分钟都如同一颗子弹，都能发挥其最大价值"，"每一颗子弹都打在没有死的敌人头上"。

抓住每一分钟，从课头抓起，如同写文章做好"凤头"工作一样。好的开头是成功的一半，开头必须精心设计，精彩导入，所以，教师要特别注意开头时间的利用，一开始就让学生投入，不浪费时间，有所获，有所得。有的老师很不重视开头时间，课头随随便便、松松垮垮、糊里糊涂，等到了课尾才发现来不及了，于是就拼命追赶。中国有个成语叫"兵贵神速"，讲的就是开头要迅猛，既准又狠且快，这样才能节约时间。

抓住每一分钟，必须精心组织教学，科学施教，做好"猪肚"工作。课中的时间安排，必须做到科学化、层次化、有效化。每一个环节都体现着科学规律，每一项任务都落实得实实在在，每一个问题都解决得真实而有效，每一个学生都全身心地投入到学习中。教师什么时候说什么话、做什么事、采取什么措施，都不是无意的，而是精心策划的。如此，整个学习过程既紧张又有序，课堂效率的提高就能水到渠成，自然而然。

抓住每一分钟，还必须切实抓好课尾，做好"豹尾"工作。一堂课到了课尾，往往会出现懒懒散散、马马虎虎的现象，教师不再充满激情，学生更是疲惫不堪，不再那么热情。于是，一堂本应有所收获的课就因为课尾的时间没有利用好而大打折扣，致使课堂效率不高。课尾是盘点、反思、提升、总结、形成规律的重要阶段，前面所有环节都是为这一阶段服务的。"一着不慎，满盘皆输"，所以，必须充分重视这一环节，要盘点收获，反思问题，提升认识，总结规律，形成系统，等等。这一环节不仅是这一堂课的收尾，也为下一堂课所学奠定基础，它起着承上启下的作用，岂能让它在不经意中溜走？

只有从课头抓到课尾，才叫抓住每一分钟，不浪费每一分钟，让每一分钟发挥作用。这样，学生才能在课堂上有所收获，教师才能真正发挥作用，课堂效果才能真正好起来。

教师高效和学生高效合称教学高效、课堂高效。学生高效的四个层面可以概括为"三全高效"：一是全员高效，即所有人的高效；二是全面高效，即既有分数又有素质的高效；三是全程高效，即从课头到课尾的每一分钟都高效。

综上分析，我们可得出第二个结论：高效是课堂教学改革的最终目标，只有师生都高效了，课堂才高效，和谐课堂才能创建起来。

第三讲 "打假"：高效课堂的指导思想

上一讲，我们分析了高效课堂的目标：发展；分析了高效课堂的内涵：效率高、效益大、效果佳；分析了高效课堂的范畴：教师高效与学生高效。

这一讲，我们来探讨一下，应该用什么样的思想来指导我们的课堂，从而使课堂和谐、高效起来。要想弄清这个问题，就必须先弄清现实中的课堂是怎样的课堂，这样，才能从根本上找到解决问题的办法。

那么，课堂效果不佳的症结究竟在哪儿呢？我以为，最根本、最核心的问题就是课堂教学之"假"——"假教"与"假学"现象充斥着整个课堂。也就是说，"假教"与"假学"是造成新课改效果不明显的罪魁祸首。

在"假教"与"假学"这两种假象之中，"假教"是导致"假学"的根源。通过前面的分析我们知道，课堂上学生的学才是目的，教师的教只是手段。只有教师的教真正服从并服务于学生的学，只有教师的教真正遵从并遵循学生的学的规律，只有教师的教真正处处着眼并着手于学生的学，教与学的关系才能得到科学的体现，师生关系才能和谐，课堂效益才能实现最大化，师生才能实现最有效的发展。

> 新课堂的繁荣是表面的，变化是虚假的，新颖是粗浅的。一句话，"荣"、"变"与"新"的背后严重存在着很多假象，这些假象造就了"假课堂"。

新课改背景下的实际课堂

当我们把眼光扫向新课改背景下的新课堂之时，我们不难发现，课堂确实新多了，时尚多了，变化多了，现代化的东西运用得多了，教师与学生的表现、表演多了，真可谓新课堂、新气象、新变化，一派喜人的景象，不管是农村还是城市，不管是长者还是新秀，不管是领导还是一般教师，尽管情况不一，但"变"是课堂的主旋律，"新"是课堂的主方向。只有"变"了，"新"了，才说明你是"新教师"、"新领导"，你有"新思想"，你进行的是新课改，这样，你才能生存、立足和发展。

透过这样形势一片大好的现象，只要认真剖析，我们就不难发现，新课堂的繁荣是表面的，变化是虚假的，新颖是粗浅的。一句话，在"荣"、"变"与"新"的背后严重存在着很多假象，这些假象造就了"假课堂"，而这种"假课堂"又是由教师"假教"与学生"假学"共同构筑的。

一、教师"假教"的表现

1. "假教育思想"

教育是为了谁？毫无疑问，是为了学生，为了学生的发展，这学生可不是少数学生，也不是大多数学生，而是所有学生，每一个学生。"为每一位学生的终身发展奠基"，这是作为"人师"的基本的要求，也是"国法"——《义务教育法》的必然要求。所以,教师必须牢固树立"一个都不能少"、"不让一个掉队"的崇高的教育思想,对所有学生进行施教,使所有学生都能得到发展。

但现实情况是怎样的呢?有些老师虽然树立了"一个都不能少"的教育思想,但从内心深处,却不相信"所有学生都能学好",因为事实让他们深知,有些学生是永远"教不好"的,是"无法教"的,是"不可救药"的。教了也白教,所以干脆就不教,或表面上在教,实际上在教学中采取不教的态度。这是真的教育思想吗?

有些老师虽然树立了"一个都不能少"的教育思想,但"不能少"是什么呢?是分数。这些老师仅从分数的角度来进行教育教学,所以在课堂上,他们眼里只有分数,只要分数行,一切都行,其他什么都不顾及,造成了学生是分数的奴隶,造成了高分低能,造成了学生产生这样那样的缺陷。这是真的面向学生的各个方面吗?

认识决定行动,思路决定出路。有了以上思想的支配,这样的教师还能去教学生吗?还能努力地教好每一个学生吗?还能真正从每个学生的实际出发想方设法地进行教学吗?他们所带的班级的学生还能得到全员发展吗?显然,答案是否定的。于是,在课堂上,他们不再关注那些"差生",只要不影响班级秩序,不影响其他"好学生"学习就行了。他们不再喊那些"差生"回答问题,只一味地让那些"可教"的同学思考、回答,以这些同学的回答来代表全班同学的学习状况。虽然有时也喊"差生"回答问题,但都是走过场,一是因为不喊"差生",好像于心不忍;二是以"差生"的错误印证"好学生"的正确,从而对那些"差生"进行强有力的教育;三是因为同事或领导坐在后面听课,不喊"差生"怎么能体现"面向每一个学生"的现代教育思想呢?只要学生有了分数,他们就什么都不顾及了,不顾及学生的行为习惯,学生的思想品质,学生的身体健康。所有这一切都是出于某种目的而不得已采取的办法。在这样的老师的课堂上,"面向每一个学生"、"面向学生的各个方面"成了一块招牌。

2."假教师定位"

什么是教师？教师的角色究竟是什么样的？什么样的教师才是真正的"好教师"？至今有些老师也不能正确理解与把握这一系列问题。有些老师认为，"好教师"就是传统意义上的"传道者"、"授业者"、"解惑者"。有些老师认为，"好教师"就是和颜悦色，与学生和睦相处，处处体贴学生，想着学生，循循善诱，和学生打成一片的教师。有些老师认为，"好教师"就是能认真做好备讲、改、辅、考工作的教师——课前认真备课，进行充分的预设；课上放手让学生自主地学、思、练，想方设法让学生"动起来"，处处给学生引路，做示范、做榜样、做表率，一发现学生有问题，就及时给予帮助，把问题消灭在萌芽状态，防止问题扩大化、事态化；课后认真布置作业，让学生在老师的布置下做作业，一切沿着老师预设的轨道行进。这样的教师果真是"好教师"吗？在这样的"好教师"的培养下，学生真的能得到良好的发展吗？我们需要的就是这样的教师吗？答案是否定的。

如果教师是传道者、授业者，那么，学生就是始终处于被动地位的、无思想的人了，就要无条件地接受教师所传之"道"、所授之"业"了。事实上，学生和所有人一样，是能动的、活生生的人，他们不是一张白纸，他们有自己的世界和思想，不可能只是被动的。如果教师是解惑者，那么，学生就只能提问，只能接受老师的答疑了，就没有自己的思想与主见了。学生的主动性何以表现？没有自我的参与，只能被动地接受，这样的学生不是一种典型的接受型的容器吗？这样培养出来的学生将来又能有何为呢？

如果老师在课堂上为了让学生在自己预设的方案中行进，想方设法采取围追堵截之法，把问题最小化，那么，就会造成学生在课堂上没有了问题。学生还能有自我的意识和发展吗？他们一旦脱离了教师，还有自己的东西吗？他们如果不能去发现问题、探究问题，最终还能解决问题吗？一切都在老师的庇护之下，学生是不能得到真正的成长与发展的。虽然从短时看，效果好像还不错，但长远呢？虽然做类似题目正确率很高，但一旦遇到变式必将手足无措，这种情况屡见不鲜。虽然适时知识掌握得还比较熟练，但时间长了就都还给了老师，还给了书本。因为那些知识是老师"教"出来的，是自己"听"出来的，而不是学生靠自己的力量发现并解决的，不是靠自己的实践做出来的，怎么可能长久？

3. "假教学行为"

什么是教？课堂上应该教什么？又该如何教？什么时候教？教多长时间？用什么方式教？什么样的教学行为才是科学的、有效的、能促进学生真正发展的？课上的教与课前的备、课后的辅应该是怎样的关系？这些也都是我们在教学时必须思考和解决的问题。

通过观课，我们发现，新课改背景下严重存在着大量"假教学行为"：有的课堂，导入语表面是创设情境，熏陶学生，结果造成暗示性强，束缚学生；有的课堂，导入语千篇一律，都是从与题旨相关的古诗入手，从故事入手，从欣赏入手，牵强附会，生搬硬套；有的课堂，学生还没有进行任何自主思考，教师就让学生进行合作研讨，结果学生研讨还未有果，教师就开始了另一种形式的包办——演；有的课堂，老师在课前作了精心的准备，准备了很多多媒体课件，结果课堂变成了多媒体的有序展示，而不管课堂情境如何，学生需要与不需要，一切围绕课件转；有的课堂，课前老师精心设计了精美的板书，为了使板书成为整个课堂的亮点，整个课堂不敢越雷池一步，将板书"恰到好处"、"不留痕迹"地搬上黑板，虽然课堂上学生的思维、问题、答案发生了变化，但因板书是精心预设的，教师最终难以舍弃，便不顾实际情况，将板书显示一翻；有的课堂，未见老师书写一个字，完全抛弃黑板、粉笔，美其名曰：与时俱进；有的课堂，教师一味追求所谓的"亮点"，处处想出新意，时时想用新点子、玩出新花样，而不从学生实际出发，不从课堂需要出发，结果，课堂成为了花样翻新、新创意展示的课堂；有的课堂，老师以物质奖励为诱饵，以小恩小惠哄骗学生，刺激学生好好学习，结果，造成学生仅为了"眼前利益"而努力，缺少持久有效的内在的学习动力，致使学生在学习上急功近利；有的课堂不辨学科特点，语文课变成了物理课、生物课、政治课，学生的语文素养提高不多，其他学科的知识倒学到不少；有的课堂，教师不依课程标准、教材要求、编者意图，以自我解读为依据，一切由教师自定目标、自定要求、自定内容，致使课堂内容与文本要求脱节；有的课堂松垮，散乱，无目标，无重点，课内收益很少，课堂教学低效，但"课内损失课外补"，造成教学本末倒置；有的课堂，为了体现"合作分工"，教师人为地将关联密切的知识点分割成若干块，分配给各小组独立完成，结果，学生各打各的擂鼓，只为本小组的任务与目标而"努力"，而忽视了知识的整体性、衔接性，造成知识的缺漏，结果得到了细微的知识点，而失掉了整个知识的关联；有的课堂，教师让学生自主学习、合作学习就是走过场，时间匆匆，学生根本来不及思考、交流就草草收兵。

二、学生"假学"的表现

1. "假学习思想"

有的学生总认为自己比他人稍逊一筹，不相信自己有学习的潜能，面对他人时总感到自己低人一等，对学习缺乏信心，没有责任感，主动性、自觉性很差，认为学习是个苦差使，是父母、老师强逼的，不是自己乐意而学的，学习不会去钻，任其自然。有的学生因为基础差，长期受到来自社会、家庭、学校、同学的歧视，失去了学习的自信心，认为自己不是学习的料，而有些老师也对这些学生怀有偏见，不信任他们，认为这些学生跟不上学习的步伐，跟不上大部队。还有的学生存在着除学习差之外的问题，如纪律差、行为差，老师担心他们会影响其他学生，于是对这些学生不管、不问，或采取强制措施——不能在课堂上动，致使这些学生心灰意冷，成为了"边缘生"，不能进入学生主流之中。这些学生尽管人在课堂上，但却不是课堂上学习的人，是观众，是听众，是闲人，即使自己想改变，但苦于环境、现状，也不得不低下头来做人，埋下身来耗日子，进步总不大。

2. "假学生定位"

有些学生不能正确定位自己的角色,不知道自己在课堂上应该做什么样的人。有些学生在课堂上不主动积极地学习,而被老师和同学牵着走。他们在课堂上处于看、听、记之状态,看着别人讲,听着老师讲,在书上和笔记本上详细地记着老师讲解的内容,全然没有自己的思想与认识。一本书上全是别人的东西,这样的书还是自己的书吗?有些学生虽然自己也学,但只是肤浅地学——浮光掠影、走马观花,没有深入到书本中,没有用心去读、悟、思,在等、靠、要——等教师讲,靠他人帮,向他人要,而没有尽自己所能去求知,去获能,去升情。

3. "假学习行为"

通过观课,我们发现,现在课堂上存在着很多"假学习行为"。有的学生在课堂上虽然有学习的欲望,也能做到自主研究,合作探究,但都是由老师逼着学的,一离开老师,他们就失去主动性与自觉性。有的学生在自主学习中一切看老师眼色行事,自己所谓的学习是做给老师看的,心思不能真正集中到问题之中。有的学生在自主学习中拥有一大批学习辅导资料,这些辅导资料本是在真正自主研究中有问题或用来校对时学生帮助自己的,但在这些学生看来,辅导资料是寻求老师问题答案的终南捷径,最终,结果虽然正确,但他们的思维并未得到发展,能力并未得到提升;有的学生最喜欢合作讨论,因为这样学习可以掩盖自己的不动脑筋的假象,合作讨论成了这些学生的避风港。有的学生上课回答问题很踊跃,老师一问即答,但真正做题时,问题却颇多,什么原因?原来这些学生表面上在回答问题,实际上并未经过大脑的积极思考,浮光掠影地看一看题目,大体想一下,就得出了问题的答案。有的学生乐于活动,乐于趣味,一有实验、表演就表现得格外积极,似乎有使不完的劲,而一旦让他们静心思考、探究时,就静不下心来,结果问题成堆,原因就在于这些学生对学习存在误解,一切为兴趣而学,为表现而学。事实上,学习中,不是所有内容都有趣,不是时时都有活动。有的学生,一见到有物质奖励,学习就格外认真,表现也格外积极,而一旦取消奖励，就无干劲，精神不足，其原因是这些学生没有形成真正的持久的学习动力，对为什么学、为谁学、学的目的究竟是什么都不明不白。总之，所谓的学习，所谓的自主、合作、探究，不是发自他们内心的需要。

既然教师之教不真，学生之学不真，课堂如此之假，那么，如何使课堂真起来呢？我认为，必须针对课堂之假、教师之假、教学之假、学生之假、学习之假这一系列"假现象"采取强有力的措施，认真、扎实地"打假"。

以学生为本、从实际出发、按规律办事是课堂和谐而高效的三大法宝，我们所讲的"打假"，就是要打课堂上不以学生为本的假，打不从课堂实际出发的假，打不按照规律进行教学的假。

"打假"：课堂高效的必由之路

怎样"打假"呢？我们要重点应用三种思想作为课堂教学的指导思想。

一、以学生为本——坚持"一切为了学生"的课堂教学思想

现在，举国上下都在为构建和谐社会而努力，而和谐社会的核心因素是人，只有人发展了，构建和谐社会的终极目标才能实现。和谐社会就是为了促进人的和谐、全面、健康、可持续发展。同样，我们的课堂也应该构建一个和谐课堂，而和谐课堂的核心自然是学生，所以，课堂上，我们应该使所有学生的所有方面都能得到又好又快的发展。

为了使课堂和谐起来，为了使学生发展起来，我们广大教师就必须牢固树立以学生为本的教育理念，只有树立了这样的理念，我们的行动才有方向，教学才有指南，课堂才有成效。

以学生为本，应该突出表现在三个方面：

一是以所有学生的发展为本，而不是以少数学生的发展为本。也就是把所有学生的利益放在首位，挂在心上。所有学生，不仅包括我们喜欢的，还包括我们不喜欢的；不仅包括为我们争光的，还包括让我们生气

的；不仅包括做好事的，还包括做坏事的，等等。总之，只要是我们班上的学生，只要是我们的施教对象，我们都应该无一例外地关怀、帮助、提升，做到"一个都不能少"，"一个都不放弃"，"为了每一个、发展每一个"。

二是以学生的全面发展为本，而不是仅以与教师相关联的因素为本。也就是不仅要关注学校考核教师的主要指标，如分数、名次、奖项之类，还要关注学生今后发展必需的身体、素质、品质、行为、习惯等。事实上，分数等指标很重要，但要真正提高，必须以学生的素质等方面的发展作为支撑，为分数而进行的分数教育是不能长久的教育，以素质为内核的分数教育才是最为有效而持久的教育。以素质发展求得的分数，我们称之为素质型的分数，否则，是应试型的分数。我们应该追求素质型的分数，不应该追求应试型的分数，素质型的分数体现的是尊重学生生命、促进学生和谐发展，素质型的分数既抓本，又治标，既面对了现实，也注重了未来。这样的教育才是真正的全面发展的教育，它很好地处理了素质与分数的关系，做到了"两手抓，两促进，两提高，两发展"，这也正是未来教育发展的趋势。

三是以学生的全程发展为本，而不是以学生的部分发展为本。也就是教育不仅要关注学生的一时一地之得，也要关注学生的过程发展，过程发展是否科学、合理、有效。只有有了好的过程，才能有好的结果，这样的结果影响时间才长，内涵才深。只靠短暂教育而获得的成果，那是急功近利，舍本逐末。俗话说"慢功出细活"，"心急吃不了热豆腐"，只有在过程中考究，结果才会真的完美。虽然可能时间长一点，让人费心一点，但从长远看，那是值得的。所以，我们必须关注学生的全程发展，做到既注重面又突出点，既注重结果更注重过程，从而使点面结合，过程与结果相得益彰。

二、从实际出发——课堂教学始终坚持"教不会的，会的不教"的教学原则

从实际出发，是我们办好一切事情必须坚持的最基本的原则。只有一切从实际出发，办事才富有针对性、实效性，才能做有用功，才能大幅度提高工作质量和工作效率。江苏省江阴市华西村老支书曾说："千难万难，实事求是最难。"中央电视台曾因"实话实说"栏目的创办而收视率大大提高，但在 2009 年 9 月 26 日，"实话实说"栏目"寿终正寝"，原因就在于实话实说不容易。一般工作如此，课堂教学也是这样。

课堂教学必须从实际出发，只有这样，才能使课堂真起来，实起来，不从实际出发的课堂，是形式和虚假的课堂，这样的课堂对学生和教师没有任何意义，是永远不可能培养出"真"人的。

那么，课堂教学中的实际有哪些呢？有学校的实际，教师的实际，学生的实际，教材的实际，教室的实际，班风的实际，学风的实际等。教室、教师、教材、班风、学风这些方面的实际，老师是能够把握的，最难真实了解与处理的是课堂教学中的学生的实际——学生的基础，包括知识基础、能力基础、情感基础、心理基础等，学生的追求，学生的现在发展区，学生的最近发展区等。

从实际出发，主要包括三个方面：

1. 从新课程标准和教材的实际出发

《新课程标准》是课堂教学的纲领性文件，其中有主旨思想的规定，有教学方法的要求，有教学内容的限制。教学必须依此进行，它是指导教学的最重要的文件，一切教学活动都必须从此出发，做到此，才算是达到国家规定的要求。

教材，也就是我们常说的教科书，它是承载课程标准内涵的具体表现形式，它是学生掌握知识、提高能力、提升情感的重要载体。所以，在教学中，必须充分吃透教材内容，弄清其编排体系、前后关联以及各年级、

各学科、各篇目的具体要求。譬如说语文学科，初中有初中的阅读要求，初一年级有初一年级的阅读要求，初一年级某一课又有某一课的阅读要求，在阅读教学中，自然要从这一课的实际出发，但必须服从大的初一年级的要求和新课标的要求，这样，教材的阅读要求才能真正落到实处。所以，在教学中，要从教材要求出发，不能随意拔高或降低。在上课时，把握教材体系，弄清前后关系是至关重要的。如果只知道教材不同，而又不去钻研编排体系，拿着就上课，这样势必与教材实际脱钩，造成学生不明不白，或重复地做无用功，因为学生远没有这些基础或学生早已学过。

2. 从教师的实际出发

俗话说，知己知彼，百战不殆。有人说，还有谁连自己都不知晓？那岂不是可笑之至。但事实上，"横看成岭侧成峰，远近高低各不同，不识庐山真面目，只缘身在此山中。"一个人不一定真正了解自己，或者说，真正了解自己是很难的。当然，我此处所讲的了解自己重点是指认识自己的阅读教学的水平与能力如何，自己能不能应付课堂上出现的种种场面，自己对教科书掌握如何，自己在阅读教学中有哪些特色，自己在哪些方面有缺陷，自己能不能灵活运用多媒体进行教学，自己是不是能够富有感情地范读，等等。所有这些都要先弄清楚再进行教学。当真正了解自己时，就不会强求，不会故作，从而使自己在教学中能够避重就轻，扬长避短。如果明知不可为而为之，则阅读教学的效果必然不好。在现实生活中，我们发现，有些老师拿着别人制作的成功课件来进行阅读教学，结果在他的班级效果并不好，原因是什么？不了解自己所致。因为他本人不会运用多媒体进行教学，致使课堂上手忙脚乱，乱了方寸，效果当然很差了。教师只有从自己实际出发进行教学，教学效果才可能好，如果一味地赶时尚，而自己又不擅长，其结果可想而知。有的教师拿着别人出的训练题让自己班学生做，结果学生不会，原因就在于教师自己没有去钻研这些题是何许题，这些题距离学生有多远。

3. 从学生的实际出发

课堂是为学生服务、为学生发展、让学生生命绽放的课堂，要使课堂高效，教师只有真正做到知己知彼——了解以学生为主的客体和了解自己（教师），方能百战不殆。所以，学情才是课堂上最大的实际，只有真正全面了解和把握了学情，教学才有方向，教学才有目标，教学才有方法，教师才能真正对症下药、有的放矢。学情就是命令，学情就是教情，学情大于天。

只有时时处处真正从学生实际出发的课堂才是真课堂。课堂上，学生需要学习哪些知识，培养哪些能力，获得哪些情感，绝不是老师事先能够完全预设的，因为课前预设永远落后于摆在眼前的活生生的课堂，任何凭经验而生成的教学内容都是想当然的、不切实际的。只有从课堂上学生的实际出发灵活调整教学，才会富有实效。如果对课堂上学生的实际把握不准，教师就会无的放矢，做无用功。所以，把握学生实际是最关键也是最必要的。

那么，如何把握学生的实际呢？如何了解和把握真正的学情呢？我们强调的是"真正"二字，也就是非虚假的学情。对于教师课堂教学而言，虚假学情提供的是虚假情报，依照虚假情报而进行的教学，必然是虚假教学，虚假教学的课堂必然是学生虚假发展的课堂。所以，我们要坚决杜绝虚假学情的存在，一定要让学情"真"起来。

通过实践，我们认为以下四种了解学情的方法皆是不可取的，都应该彻底摒弃，因为通过这样的方法所得到的学情往往是虚假学情。一是教师想当然估计的学情：有些老师认为自己对学生很了解，于是估计学生可能这样，也可能那样，一切凭教师的主观想法进行教学；二是教师凭经验而获得的学情：有些教师认为自己有了几年或多年的所谓教学经验，认为自己已经全面了解学生了，凭经验进行教学；三是教师以点代面而了解的学情：有些教师在教学中，了解了个别学生的情况，就以此推断全班所有学生的情况，以此来组织教学；四是教师组织学生进行课前预习而获得的学情：有些教师在上新课前布置学生回家预习，通过学生的预习得到学生的学情——这样的学情似乎真实，但实际情况是学生在家中预习时，自觉性并不高，又无时间限制，加之为了交任务，拿高分，得表扬，他们会采用一切可用的办法，使自己预习"成功"，这种所谓的"成功"正是"假预习"的"杰作"。到头来，不仅使教师课堂之教误入歧途，还使学生生成诸多不良品质，同时，这样的预习时间从哪儿来呢？国家规定学生课外作业时间的总量只有两节课，作为初中生，这么多作业，怎么可能完成得了？再一点，学生预习"好"了，老师是不是就放心了呢？不放心，还得重来，因为毕竟不是从老师自己眼皮底下过来的。还有，预习使学生课堂学习缺乏新奇感、好奇心，其创新精神和实践能力就得不到真正全面的培养。

那么，如何真正了解学生的学情呢？

我认为下面的办法是行之有效的：取消课前预习，让学生在课堂上"先学"，即在课堂上让学生在老师的积极而有效的引导下带着问题先进行自我探究，自我思考，自我分析，而不是先由老师讲，先由老师搞暗示和表演，再让学生理解。这样做的最大好处就是，学生可以先自行进入书本进行研究，产生真的问题，真的问题就是学生的最真实的实际，这样，老师了解了学生的现在发展状况，做到了心中有数，再向最近发展区发展也就有谱了。暴露真问题后，教学就可以做到有的放矢、对症下药了，学生的一切发展就成为必需，这样，课堂高效就是自然而然的事了。

在这里，我要强调三点：第一点，不管课堂时间是长还是短，教学内容是难还是易、是新还是旧，都要从书本和学生实际出发，要让学生真学，也就是要保证充足的时间让学生学，让学生真的静下心来、埋下头来研究，千万不要让学生假学，另外，还要根据学生学习情况不断调整学习时间；第二点，要让学生有策略地学，不要让学生胡学，随便地学，老师要做阅读学习的指导，使学生的阅读学习有方向、有目标、有内容、有办法，这样，过程与方法也就得到了体现；第三点，在学生"先学"的过程中，教师要关注学生、走进学生，要明察秋毫、察言观色、发现问题，并积极思考如何引导学生去解决问题。

三、按规律办事——使课堂成为"有序"教学的课堂

按规律办事，是人类战胜自然，获得发展的重要原因。我此处讲的是规律，而不是规则，规则是人为制造的大家共同遵循的要求，是规定出来供大家共同遵守的制度或章程。也不是"原则"，原则是人们说话或办事所依据的法则或标准，同样是人为制造的。而规律却非如此，规律是事物之间存在的内在的本质联系，这种联系不断重复出现，在一定条件下经常起作用，并且决定着事物必然向着某种方向发展，它是客观存在的，是不以人的意志为转移的。老子讲"道法自然"，其中的"自然"，就是指规律，就是指客观存在的必然的东西。规律虽然不以人的意志为转移，是内隐的东西，但人们能够通过实践认识它，并利用它。我们必须按规律办事，如果不按规律办事，必然遭到惩罚，可能在现在，也可能在将来，可能在你身上，也可能在他人身上。总之，惩罚是必然的，这就是规律的力量。人类不就有很多因为违背自然规律而遭到惩罚的例子吗？

同样，课堂教学也必须按规律办事，如果不按规律办事，课堂教学必将是低效、无效甚至是负效的，学生不能发展就是必然的了。课堂教学按规律办事，是指在课堂教学中，要切实按照一系列学习的规律来进行教学。课堂上学习的规律有哪些？很多，下面三条是不可忽视的，是最为重要的：

第一，实践——认识——再实践——再认识——再实践。这是马克思主义哲学观中最重要的一条。凡事自实践始，实践出真知，只有通过实践才能获得真知，只有建立在实践基础上的知，才可能是真知，用这种真知去指导我们的实践，我们的实践才更有意义，更有实效。我国著名教育家陶行知先生曾说："行是知之始，知是行之成。"这句话科学地指明了行与知的关系：先行后知，不行不知。当然，行有直接行和间接行两种，但不

论如何，间接行都是建立在前人直接行的基础上的，如果要对事物有更深入的认识，直接行比间接行更为深刻、持久。无行，肯定无知。

第二，发现问题——分析问题——解决问题——运用问题。这是人类自我进步、自我发展的规律。问题是所有工作的核心，发现问题是起点，是基础，是前提；运用问题是归宿，是追求，是结果。为了能运用问题，必须用心分析问题产生的原因与问题的本质，找到方法与策略以真正解决问题。只有全面理解了问题的本质，才能把问题变成资源，变成财富，变成经验，进而得以推广、运用。如果找不出问题，那一切工作就都归于零，因为"没有问题就是最大的问题"。

第三，现在发展区——最近发展区——现在发展区——最近发展区。一个人的成长只有建立在原先的基础上才能实现好的发展，原先的基础，不是所有的基础，而是最靠近发展的基础。只有真正全面把握了某一知识点的现在发展区，才有可能向最近发展区迈进。此次进程的最近发展区，不一定是后一知识学习的最近发展区，因为学生的知识是贯通的，这又需要对新的现在发展区进行重新寻找与定位，才有机会向新的最近发展区深入迈进。

以学生为本、从实际出发、按规律办事是课堂和谐而高效的三大法宝，我们所讲的打假，就是要打课堂上"不以学生为本"的假，打"不从课堂实际出发"的假，打"不按照规律进行教学"的假。

做到这三个方面，我们的课堂设计、教学目标、教学程序、教学时间、教学方法、教学准备、作业布置等显然就都真实起来了，就不是在作秀了，学生就会积极起来，效果自然就一定会好起来。

第四讲　真学：高效课堂的操作策略

上一讲，我们弄清了课堂之所以不高效，是因为在新课改背景下，我们的课堂上存在着诸多"假教"与"假学"的现象，"假教"与"假学"无论是有意的还是无意的，都是有害而无益的。那么，应采用什么样的教学策略才能彻底"打假"呢？这一讲，我们就这一问题共同探讨。

"打假"，说到底就是要使课堂真起来，使教师的教真起来，使学生的学真起来。只要以"真教"与"真学"应对"假教"与"假学"，"假教"与"假学"就没有立足之地，"假课堂"就会消失。所以，课堂上我们必须做到四个字——求真务实。

那么，怎样求真务实呢？有没有具体的策略与模式？有。洋思中学的"先学后教，当堂训练"课堂教学模式就是很好的解决问题的办法，是求真务实的实战方略。这一讲是八讲中的重头戏，我将重点讲六个方面的内容。这是对洋思中学的"先学后教，当堂训练"课堂教学模式的深层阐述，既有理论，又有实践，既是对成功经验的概括，又能解决大家在实际教学过程中遇到的问题，全面而又细致。

怎样求真务实？有没有具体的策略和模式？有。洋思中学的"先学后教，当堂训练"课堂教学模式就是很好的解决问题的办法，是求真务实的实战方略。

"先学后教，当堂训练"课堂教学模式的释义

一、关于"先学"

所谓"先学"，就是在课堂上，在老师开讲之前，学生在老师积极地引导下，紧紧围绕本课的学习目标，按照老师预设的最有效的学习指导所进行的自我实践、自我探究、自主学习。

这里强调的几个状语都非常重要：

1. "在课堂上"。"先学"这个环节一定要在课堂上进行，它不是课前的预习，也不是课后的作业。有人说，现在不是强调学生一定要学会预习吗？你为什么不让学生课前预习？古语讲："凡事预则立，不预则废。"学生课前预习不正是"预"吗？为什么我们强调不让学生课前预习？主要原因是课前预习有很多弊端：

第一，培养了学生弄虚作假的品质。我们有很多预习都是假预习，比如布置学生回去预习《故乡》一课，思考本文的主人公是谁，他是怎样的形象，从哪些方面看得出来等问题。第二天上课老师提问，有以下几种情况出现：一是大家都会。学生真的都会吗？既然都会了，老师还要继续讲吗？老师心里最有数，学生的会是假会，至少不是全部会。为什么还要继

续讲？因为学生的答案的来源有问题。现在信息传播工具很多，很多学生也不动脑筋，一遇到不会的，就立即向他人"请教"，有的请他人代劳，有的上网寻求答案。表面上是做出来了，但实际上懂了吗？是为了应付老师的。二是很多同学不会。为什么不会？因为学生回去预习是假预习，没有真的静下心来进行预习，是为了完成老师交给的差使！

第二，增加了学生的负担。现在学生负担很重，这是不争的事实，有心理负担、作业负担、就业负担、经济负担等。就作业负担来说，我认为有"三座大山"压迫着学生，第一座大山是课前预习；第二座大山是课堂作业课后做，就是课堂作业本该在课堂上完成，可老师却想方设法地把课堂作业移到课后，抢占学生课后时间；第三座大山是超量的课后作业。要使学生作业负担减轻，就必须将三座大山一座一座地搬掉，否则，"减轻学生过重的学业负担"就是一句空话。现在，就中学而言，假设预习一门功课需要20~30分钟，6门功课需要多长时间？学生的时间从哪儿来？学生除了要完成老师布置的预习作业，还有巩固性作业，请问时间又从哪儿来？办法只有一个，那就是"向晚上借时间"，"向凌晨借时间"。如此，学生还有自主发展的时间吗？学生还能有愉快的生活吗？学生的负担能够减轻吗？

第三，增加了老师的负担。既然老师布置了预习，学生进行了预习，老师就应该对学生的预习进行检查，否则，老师还能了解到学生的学习情况吗？但老师什么时间检查？有时间检查吗？真查还是假查？真查，老师能够做到吗？假查，会有怎样的后果？老师本身的行为就在影响着学生，再加上老师上课缺少针对性——他并不了解学生的学情，打的是无准备之仗。这样的教学能起到实际作用吗？

鉴于此，我们把课前预习移到课堂上来，不是预习，而是"先学"。事实上，在课堂上预习，学生高兴了，老师高兴了，课堂学习的效果就会好起来。课堂上，老师给出一定时间大家一起学，不逼学生利用课后时间学，学生自然愿。在学习过程中，大家一视同仁，共同用心努力，完成任务，达到目标。

2. "在老师开讲之前"。课堂上，老师必须讲，但什么时候讲，讲什么内容却大有讲究。"先学后教，当堂训练"教学模式要求老师必须在学生学之后讲，即课堂上如果没有学生"先学"，就不存在老师讲解。"在老师未讲之前"要求我们在组织学生学习时，把学习权还给学生，让学生迅速投入到学习中去，不要瞎转山头，没有任何针对性地讲。

3. "在老师积极地引导下"。学生在课堂上的"先学"，离不开老师的引导，学生有效地"先学"是在老师积极地引导下展开的。没有老师的引导，学生的"先学"就会失去方向，无目的，无内容，无责任，从而显得无意义。这句话说明了教师在学生"先学"中的重要意义与作用。教师要制定好本课时的学习目标，出示好自学指导题，引导好学生"先学"什么、怎样"先学"、"先学"应达到的目标与应努力的方向。这句话更说明了教师在课堂上的作用主要是引导。教师的引导是积极的引导，不是被动的、消极的、盲目的、随意的引导。要引在关键处，导在合适处，这样的引与导才会见效，才会对学生有所启示与帮助。

4. "自我实践，自我探究，自主学习"。学生"先学"的过程是"三自学习"的过程。这是一种尝试，这是检测自己的能力与水平的过程，是通过自己的力量解决问题的过程。"三自学习"法，是"先学后教，当堂训练"教学模式的独特之处，说明整个学习是一种自觉研究的过程，是从感性认识上升为理性认识的过程，是不断体验与感受的过程。经过了"三自学习"，学生的认识会更深，经历会更丰富，理解会更透彻，从而为下一步的学习奠定坚实的基础。

这里还要强调的是，我们所讲的"先学"不同于我们平时所讲的一般性的学习，"先学"是有目的、有责任、有时间观念、有老师指导的自主学习。"先学"中，老师除了引导学生学习外，还要做什么？老师还要进行巡视、关注、了解、调查、确诊的工作，看哪个学生认真、哪个不认真。对相关学生作出诊断，不是立即指出学生存在的问题，而是视而不见——看见了，心里清楚，但不说出来，仍让其发展，就如同"不见"一样。这样做实际上就是让学生自我调整，自我提升。所以，在学生"先学"时，教师一定要在三个"不"字上做文章——不提示，不暗示，不揭示，教师只做一个观察者，而不去做一个评论员，从而为后面的有针对性的"教"奠定基础。

"先学"一般包括三个步骤：

1. 激学。教师富有激情地组织学生学习。这种激情，是教师精、气、神的外露。教师以自己的精神来感染学生，以自己的认真态度来熏陶学生，以自己的优良品质来激励学生，以自己的个人魅力来促进学生，而不只是用表面优美的形式，包括视听材料、优美词句、丰富表情等来吸引学生。这种激情，是一种态度，更是一种睿智。

2. 导学。教师积极地引导学生学习。这种引导，是一种方向性的引导、策略性的引导，是教师根据《新课程标准》、教材要求、班级学生学情进行深入研究的基础上的有准备的引导，包括探究目标、内容、方法、时间等。

"有疑才有思"，自学指导的关键在于精心设疑。教师要选择学生感兴趣的问题以及教材中的疑难问题来对学生进行引导，从而促进学生积极主动地学习。

3. 自学。学生在激学、导学的基础上，在教师不提示、不暗示、不揭示的条件下，自己独立地学，努力通过自身力量解决问题。此时，我们决不允许学生相互研究，也不允许学生通过翻阅资料来解决问题。

通过以上分析，"先学"有如下三个基本特征：

1. 超前性。学生所学是超前于老师所讲的，没有老师的提示与帮助学生就开始了自己的学习。

2. 独立性。学生针对学习内容采用适当的学习方法进行独立自主的学习。

3. 异步性。不同类型的学生依据各自情况而采取适合自己的学习方法来努力达到学习目标。由于每个学生的情况不同，虽然学习过程、内容、方向一样，但学习结果却不相同，显示出异步的特点。

二、关于"后教"

所谓"后教"，是指在课堂上，在学生"先学"的基础上，教师组织、引导学生为解决"先学"中存在的相关问题，所进行的相互实践、相互探究、相互学习。

这里有几个关键词语：

1. "'先学'中存在的相关问题"。学生在"先学"中必然会出现问题，主要是不能解决的问题，理解不深的问题，不能形成规律的问题，找不到内涵的问题，等等。这些问题通过"先学"体现出来，所以没有"先学"就没有"后教"。有的老师一开始就"后教"——"请同学们讨论第5题"。这时，学生还没有思考，假如问题很简单，有必要讨论吗？学生能独立完成的，要让学生去独立完成，只有学生不能独立完成时，才需要"后教"。

2. "相互"。这个词也很重要，就是你帮助我，我帮助你；好同学帮助差同学，"兵教兵"；集思广益，"群起而攻之"。这种"相互"不仅表现在同学之间的相互帮助，还表现在教师帮学生。教师帮学生也属于"兵教兵"——教师也是兵，是老兵，学生是新兵，"兵教兵"就是老兵教新兵，教师帮学生。不过，教师帮学生一定要在学生帮学生之后，只有这样，学生的主体性才能发挥，教师的作用才能真正发挥。

"后教"一般包括三个步骤：

1. 组教。学生在"先学"的基础上，就"先学"中出现的问题向学习小组请教，请学习小组帮助解决"先学"中存在的问题。

2. 班教。学生在组教的基础上，就通过组教仍不能解决的问题向全班同学请教，请全班同学帮助解决"先学"中存在的问题。

3. 导教。学生在班教的基础上，就通过班教仍不能解决的问题向教师请教，由教师进行引导、点拨，最终解决"先学"中存在的问题。

综上所述,"后教"具有以下三个特点:

1. 针对性。学生就"先学"中出现的问题有针对性地向学习小组、全班同学或教师请教,使问题最终得以解决。

2. 互动性。在解决问题的过程中,生与生、师与生不是孤立的,是相互影响的,是彼此互帮互助的,最终达到共赢共长。

3. 选择性。在解决问题的过程中,不是所有的问题都要得到解决,而是有选择地解决。普遍性的问题必须得到解决,规律性的问题必须得到解决,有思维价值的问题必须得到解决。那些个别性的、基本的、一般性的问题主要依靠学生自己去解决,或依靠小组去解决。需要老师引导解决的是那些的确具有价值性、普遍性、规律性、生成性的问题。

三、关于"当堂训练"

所谓"当堂训练",就是在课堂上,在"先学"与"后教"的基础上,为了检测学生目标的达成情况,教师组织、引导学生对"学"与"教"的内容做出反馈。

在这里,我们强调三点:

1. "在课堂上"。我们认为这一点非常重要。课堂作业必须在课堂上完成,坚决不能将课堂作业移至课后,一定要做到"千忙万忙,当堂训练不慌不忙"。"当堂训练"之"当"就是"在"的意思。"当堂训练"就是在课堂上训练的意思。为什么一定要在课堂上训练?其一,如果放在课后,学生作业作假的可能性就会增加;其二,学生负担就会增加,课后时间就会被抢占;其三,不利于课堂教学改革,课堂教学目标就不能达成。也许有人会讲,课堂上没有学生做作业的时间怎么办?如果真的没有时间,那么,就不布置。少时间,少布置;没时间,不布置。总之,课堂作业一定要置于课堂之中,因为"当堂训练"的目的是检测学生学习目标的达成情况,这也是保证课堂上学生全过程紧张学习的关键。试想,如果事先告诉学生听完课后要考试,哪个学生会不认真听呢?如果不考,学生就可听可不听，可认真听可不认真听，任务驱动性就不强。

2. "又一次"。"先学"是一次学习，"当堂训练"是又一次学习。当然，两次学习有所不同，后一次学习较之前一次个体学习得更深化。

3. 当堂训练的方式。根据学科的不同，当堂训练的方式可有笔头训练、口头训练、操作训练等。语文、品德可以用口头训练的方式，数学可以用笔头训练的方式，物理、化学、生物可以用操作训练的方式。当堂训练还可分为集中训练与分散训练两种方式，集中训练就是在课堂上某一集中的时间进行训练；分散训练，就是贯穿学与教的始终的训练。一般来说，数学一般采用集中训练方式，英语、语文一般采用分散训练方式。

"当堂训练"一般包括三个步骤：

1. 自练。学生自己对所学内容进行自我总结、盘点，并提出新的问题与疑惑。这是以自己为主的训练，没有小组的参与，没有老师的帮助，是对"这节课有哪些收获和反思"这一问题的回答。

2. 组练。学生所在的学习小组的成员就学习内容交流收获，提出疑问，进行小组训练，即通过小组成员之间互动式的训练，进一步深入对学习内容的理解，排解存在的问题，从而形成新的认识。

3. 导练。老师根据"先学"与"后教"的情况，在事先准备的训练题的基础上，再选择一些有益于学生提升认识、排解疑难的题目进行训练，从而进一步巩固所学、提升认识、发现疑难，为后面的有针对性的学习提供最真实的教学资源。

综上所述，"当堂训练"具有以下特点：

1. 及时性。"当堂训练"必须在课堂上进行，必须要有时间的保证，同时要迅速、及时地将学生的学习情况进行反馈，也就要求我们做到"当堂学，当堂测"，这大大提高了课堂教学的有效性。

2. 达成性。"当堂训练"的内容不是随便的内容，而是精心准备的内容。一是老师课前预设的准备，二是教师根据课堂学情而"有意"的准备，其目的只有一个，就是检测学生究竟有没有达到预设的目标，还有哪些差距。这样的检测，更为精当，从而更能促进学生的发展。

3. 反思性。通过自练、组练、导练等训练形式，促进个人的反思、小组成员的反思、全班同学的反思，找到各自的差距，找出新问题，找出努力的方向，从而促进个人、小组成员、全班同学的进一步的提升与发展。

为什么一定要"先学"，"后教"，再"当堂训练"呢？在学习中，学生都想先依靠自己来解决问题，如果依靠自己能够解题不是更好吗？这是教学的第一步，所以，必须先让学生进行自我研究，这一步就是上面所讲的"先学"。这一步要求我们充分相信学生有学习的潜能与学习的意识。同时，这一步也是保护学生好奇心的一个重要措施。素质教育的核心内容就是"培养学生的创新精神和实践能力"，只有不让学生受到任何人为的条条框框的限制，教学才能担当起这样的重任。"先学"中，老师不讲，不就是在让学生自由想、自由做吗？其创新精神不就得以体现了吗？学生的实践能力不就得到充分展示了吗？这也是在充分挖掘学生的学习潜能，使之能产生最佳的学习效果。

是的，学生是有"先学"的本领与潜能的，但所要学习的毕竟是新知识，学生的知识系统毕竟不完备，学生不理解、不能完全解答、答错的情况的出现都是正常的和必然的。出了问题必然要解决，但怎样解决却大有讲究。我认为，不能首先依靠老师，要首先依靠同学，因为同学中各色人等各不相同，所以，互帮互助，也就成为了可能。而从学生的心理看，学生希望同学最先帮助自己解决问题，因为同学亲近，没有隔阂，容易沟通。这样，又解决了相当一些问题，但因同学自身认知的不全面和能力的欠缺，所以，仍会存在全班都不能解决的问题。在这个时候，大家就把希望放在了老师身上，此时，老师就像琵琶女一样千呼万唤始出来，给以点拨、引导。老师不立即讲、说、演，最终仍由学生通过思考，说出自己的理解与思维过程。如此，经过几次真刀真枪的研究，学生的认识水平就不是浅显的，而是深刻的了，他们学得就更认真，听得就更带劲，效果自然就更好。我们把学生互读互教、教师引读引教称为"后教"。这种"后教"不是老师讲,而是学生与学生、老师与学生之间真诚而真实的对话,是互动式的学习,是彼此的发现、补充和提升。

在"后教"时,我特别强调,老师要做"懒师",不要过于勤快,也就是在交流时,如果学生出现了问题,老师不要插话,不要立即自己讲,要慢一点,学会踢皮球,让学生有一个再思考、再挖掘潜能的机会。这种做法就是逼着学生再探再研,在真的不得其解的情况下,教师再给以引导,这样,学生就会听得特别认真,收益就会特别大,今后也就不容易出错,因为印象太深刻了。老师这样的出场,就是在真正运用"启发式教学"。"启发式教学"绝不是学生一有问题老师就进行启与发,而是"不愤不启,不悱不发",也就是要把学生逼到想说不能说、想解不能解的地步再进行启与发,这样的启与发才是真启发,否则就是假启发。再强调一点,老师的出场是为了启发,而不是为了讲解,是为了引导学生从书本中找答案,找答案的来由,找答案形成的过程,找答案中蕴藏的规律,分析答案可能出现的变式等,也就是要让学生真正由答案探索出答案的本质,从而使学生"知其然,更知其所以然"。

在"当堂训练"中,老师给学生布置任务后,就不再讲话,作提示,这便是让学生进行"考试"——用"先学"和"后教"中获得的知识、方法做题,检测自己所达到的真正的水平与能力。在"当堂训练"中,老师只是巡视、关注、期待,学生在静心思考,埋头做作业,不看书本、记录、他人,自顾自地思考、探索、做题,没有浮动、没有心虚、也没有做作。这样的课堂才是最真的课堂,才富有生机,才具有影响力,才是真正高效的课堂。

根据"先学后教，当堂训练"课堂教学模式中学、教、练出现的时间和频率，我们把"先学后教，当堂训练"课堂教学模式分为单一型、跨越型和反复型三种类型。

"先学后教，当堂训练"课堂教学模式的类型

根据"先学后教，当堂训练"课堂教学模式中学、教、练出现的时间和频率，我们把"先学后教，当堂训练"课堂教学模式分为三种类型：

第一，单一型"先学后教"。在一节课中，只有一次"先学"，一次"后教"，一次"当堂训练"，如数学新授课学习《通分》。

老师先让学生自我研究"通分"中所有内容，即"先学"；再组织学生相互研究"通分"中的问题，即"后教"；最后，老师引导学生反思、反馈、练习，即"当堂训练"。

第二，跨越型"先学后教"。通过几节课来实施"先学"、"后教"、"当堂训练"，即"先学"、"后教"、"当堂训练"三个主环节不是在一节课内完成，而是跨越了几个课时，通过几个课时来实施，如复习课。

老师先让学生用一节课进行"自我复习"，这即是"先学"；再让学生用一节课对"自我复习"中发现的问题进行相互研究，解决问题，这即是"后教"；最后，让学生用一节课对复习内容进行自我检测或老师检测，这即是"当堂训练"。

第三，反复型"先学后教"。在一节课中，有几次轮回的"先学""后教"和"当堂训练"，即在一节课内，"先学"、"后教"、"当堂训练"

三个主环节不是只出现一次，而是以不同形式反复出现，如文言文新授课一般有三次轮回。

第一次："先学"——自我读文，自我解决字音、句读等问题；"后教"——师生共同解决读文过程中出现的问题，正确读文；"当堂训练"——当堂反馈读文情况。

第二次："先学"——结合所学和文下注解，自我译文；"后教"——师生共同解决译文过程中出现的问题，正确译文；"当堂训练"——当堂反馈解字、译文情况。

第三次："先学"——再读课文，自我解读、理解文章内涵和写作特色；"后教"——师生共同解决解读、理解文章过程中出现的问题；"当堂训练"——当堂走出文本，检测运用文本所学知识解读另一篇课外文言文的情况。

这种教学模式具有以下三个基本特点：一是真实，这是课堂高效的前提；二是有序，这是课堂高效的保证；三是紧张，这是课堂高效的标志。

"先学后教，当堂训练"课堂教学模式的特点

"先学后教，当堂训练"课堂教学模式是一种崭新的教学方略。它彻底地改变了传统教学"先教后学"的教学模式。这种教学模式具有以下三个基本特点：

一、真实

真实是课堂的生命，没有真实，就没有课堂，就不存在人的发展，就不可能实现教学的真正和谐与高效。"先学后教，当堂训练"全过程注重教学的真实性。

1. 过程是真实的

"先学"时，学生认真读书、思考、实践，教师不作任何提示、暗示、揭示，也不作任何干扰，只是巡视、观察、关注，学生此时在真求学，暴露的是真正学习中存在的问题。"后教"时，教师不立即出场，而是"踢皮球"，引导学生通过相互研究来解决问题，这是在引导学生真正进入学习的角色，做自己学习的主人，自己的事依靠自己解决，依靠同学解决。只有学生真的不能理解和解决问题时，教师才对学生进行"教"——不是传统意义上的讲，而是启发、点拨、诱导。这是在真正分析与解决问题，

是围绕学生出现的问题来教的，所以，这样的教学能使学生理解深刻、掌握持久，达到学会与会学。"当堂训练"时，教师给学生充足的时间，就像考试一样，让学生独立、认真地练习，从而达到巩固、深化、运用、迁移之目的，达到孔子所讲的"温故而知新"的目标。这是在真正训练，在训练中进一步发现问题，从而为下一步的辅导提供最真实的资料。

2. 教师在课堂上的表现是真实的

教师在整个课堂上，从出场到离场的表现都是公开与真实的，没有表演的成分，有的只是实实在在的行为。"先学"时，教师直入主题，提出学习目标，提供学习策略，只走进学生、巡视学生、观察学生，发现学生存在的真问题，想方设法地解决学生存在的真问题。"后教"时，教师不立即讲，而是积极引导学生自己先解决问题，先在同学之间相互解决问题。这是在真正培养学生，只有当学生个体、学生集体不能解决问题时教师才出场。这时的出场，如同救火，及时、到位、准确，有针对性地解决学生存在的真问题，这是真正从学生实际出发的教学。"当堂训练"时，老师不是随随便便地出题，而是选择"先学"与"后教"中出现的共性的有规律性的题目，针对学生存在的问题及时地调适，从而达到真正训练的目的。"当堂训练"不能在课后进行，而一定要在课堂上进行，这就确保了课堂检测的真实性、准确性，从而最为真实地了解课堂、了解学生，为后面的教学奠定最真实的基础。

3. 学生在课堂上的表现是真实的

学生在课堂上的表现不仅体现在学习成绩上、习得的知识上，还体现在个人的真实发展上。新课改要求围绕三维目标展开，促进学生的发展。事实上，"先学后教，当堂训练"课堂教学模式就是着眼于三维目标的。它一开始就提出了学习目标，有知识的目标，能力的目标，情感的目标（尽管有时不通过屏幕打出来，但却在老师心中，在学生平时的言行之中），这是学生行动的方向。在接下来的自学阶段，学生运用教师提供的最有效的策略用心学习。只有用心学习，才能解决问题，获得发展，更何况老师在时刻关注着。久而久之，学生通过训练就形成了习惯。当学生遇到问题时，不是一味地求助于别人，而是首先发挥自我的能动作用，尽最大的可能去解决问题，这就有利于学生自我能力的培养，如果自己解决不了，就向其他同学请教，这也是最真实的解决问题的方法。只有到了最后，学生向老师请教，老师才"被迫"出场。老师此时是为解决学生问题而出场的，学生自然就更加认真，更加努力，从而就能真正地学到知识。在课末的"当堂训练"中，学生的表现更是真实的，因为这时的学生训练就像考试一样，不允许翻阅，不允许交头接耳，只能依靠自己来解决问题。不管学生会还是不会，最终的结果都是最为真实的，都能展现学生自己真实的劳动成果，从而为课后再提升、再努力提供真实可信的内容。

真实，还表现在规律运用的真实上，这一点在前面我已经详细地讲过，我想大家一定理解得比较透彻了，这里就不赘述了。

真实，还表现在其他诸多方面，如自主的真实，互动的真实，探究的真实，等等。

我国著名教育家陶行知先生高度强调真实的重要性，他说，"千教万教教人求真，千学万学学做真人。""先学后教，当堂训练"的课堂的确是真实的课堂，是教人求真、让学生学做真人的课堂。这样才符合人的发展要求，这才是教育的本质与真谛之所在，这才是地地道道的素质教育。

二、紧张

1."紧张"的内涵

紧张，不等于慌张，也不是害怕，是为了完成某个使命而不懈努力，全神贯注，知难而进，主动求索。紧张不是手忙脚乱的行动，而是高效有序的行为。只有紧张，学业才精，德行才成，发展才行。如果不是因为"紧张"，袁隆平怎会取得令人瞩目的成绩？"神舟六号"怎能成功返回地面？一项项新的发明怎能产生？2008年北京奥运会怎能成功举办且无与伦比……同样，要取得成绩，提高本领，提升素质，学生也必须"紧张"。

我认为，要给学生"减负"，要让学生轻松，就必须要让学生在课堂上"紧张"地学习——没有课上的紧张，哪里会有课后的轻松？没有课上的紧张的劳，哪里会有课后的轻松的逸？

2．"紧张"的表现

"先学后教，当堂训练"课堂教学模式全过程都体现着"紧张"的特点，让全体学生全过程都"紧张"地学习。

（1）取消预习，让学生在课程开始前"先学"。

这一点，在前面我已经讲过，在这里我再突出一下，使大家有更深刻的认识。

现在，教学一般都有预习这一环节。从本质上讲，预习有利于学生自学能力的培养。但从现实层面讲，却严重存在着以下几个问题：

首先，加重了学生的课业负担。现在学生的课业负担主要是预习作业和课后作业。课后作业属巩固性作业，不做不行，这就需要一定的时间，再加上预习作业，学生的课余作业就更多了。现在流行所谓的"学案"、"学教一体化"，教师为了提高课堂教学的效率，干脆让学生在课前完成"学案"、"讲学稿"，使"学""教"同步，需要多长时间，可想而知。这不严重增加了学生的课业负担吗？

其次，使学生养成了诸多不良的学习品质。毕竟学生自觉性不高，为了完成任务，为了得到老师的表扬，学生便可能会动用各种作弊手段，如翻阅资料、上网查询、抄袭答案、电话请教、他人代学等，结果造成了效果一流，实际成绩虚假的现象；预习时，学生没有时间的限制，没有一点紧张感，时间观念、责任意识、效率意识怎样培养？

再次，不利于教师高效教学。只有从学情出发，课堂教学才能达到高效，学生完成了所谓的预习作业是自己内化的结果吗？此时的满分是真正的满分吗？学情是真是假，教师无从把握，课堂高效便成了一纸空文。

最后，学生对新知识的学习失去了新奇感。学生在课前进行了预习，对"未知"事物已有了一定的认识，自然对课堂上老师所讲的内容失去了新奇感，于是，课堂学习效果就大打折扣。

怎么解决这一问题呢？取消预习，将预习移至课堂上，让学生"先学"。在上课之始，就让学生紧紧围绕着学习目标，按照教师提供的最有效的"自学指导"进行自我探究、自我实践、自主学习。这时的学生学习是在老师指挥下的统一行动，每一个学生都在进行着探究、实践、学习。由于老师密切关注着每一个学生，再加上同学之间相互监督，不得翻查任何资料，这时的学生学习是独立自主的，这就有利于暴露学生学习中存在的真问题，从而有利于教师在下面的环节中最有效地解决问题，提高课堂教学的针对性、有效性。这时的学生学习，由于有了教师的"学习指导"，有了学习时间的要求，学生的自学能力得到培养，学习的时间观念得以增强，学习效率得以提高；没有了预习，学生的课业负担相应得到减轻，学生在课堂上也就积极起来了。让学生"先学"，是老师对学生的一种高度信任，相信学生能学，相信学生会学，学生就会变"要我学"为"我要学"，学习自觉性就会提高，学习效果就会好起来。所以，取消预习，将预习移至课堂上，让学生"先学"，好处多多。

"先学后教，当堂训练"课堂教学模式就是要取消预习，使学生的学习过程从课堂上的"先学"开始。"先学"时，有时间的规定，有同学的比赛，有老师的关注，有学后的汇报与展示，学生怎能不投入？怎能不"紧张"？

（2）在学生"先学"的基础上，让学生就出现的问题进行"兵教兵"。

我们知道，在"先学后教，当堂训练"课堂教学模式的"后教"中，有对问题解决的迫切渴求，有"小老师"的帮教责任，有小组之间的相互竞争，有教师和同学全过程的评价与激励，学生怎么可能开小差？怎么可能有丝毫的马虎？只有"紧张"投入了，学生自己才能有真正的发展。在这里，我强调一下"后教"中的"兵教兵"的教学策略。"兵教兵"就是教师引导学生在"先学"的基础上，就不会的问题进行相互探究、相互实践、相互学习。"兵教兵"是在教师的引导下，充分发挥每个学生的主观能动性，进行的一场"人民战争"。全体学生都积极参与到分析、解决问题的行列中，使学生能够学会与会学，知其然，更知其所以然，由实践上升到理论。由于"兵教兵"是更重要的放手，是各自学习成果的展示，关系到个人努力的程度，学生在这一环节中自然会更积极、更投入，效果也就更好。学生在"兵教兵"的过程中必须要更加认真，因为这是对自己知识的一种提升，是别人对自己的一种帮助，是自己实力的一种展示，是发现自己不足的一种渠道。因此，采用"兵教兵"的教学策略，有利于学生高度"紧张"地分析问题，解决问题，形成能力，提升认识水平。

（3）课末让学生围绕学习目标与任务进行"当堂训练"。

"先学后教，当堂训练"要求"训练在课堂、反思在课堂、检测在课堂"，作业必须放在课堂上进行。在课堂上，为了全面检测学习情况，学生按照教师的训练指导要求，进一步地进行自我实践、自我探究、自主学习。从完成任务的效能上看，最佳的办法就是及时地对学习者的学习情况进行检测，这就是"任务驱动性"的作用。有了检测，也就有了评比，有了评比，也就有了好差之分。学生是有自尊的，谁愿意在比赛中落后？谁不想得到高分？"当堂训练"是对一节课学习的最终反馈，关系到一堂课的收获，学生怎么会不认真？更何况，对学得不好的学生必须"日日清"——进行课外辅导，变成了"非自由人"，而对学得好的学生给以优待——自由支配课余时间，做一个完全的"自由人"，不必受课堂训练之束缚，不必受老师之"关爱"，学生何乐而不为呢？这就逼着学生在完成任务的过程中竭尽全力，提高自己作战的能力与水平，给自己一个满意的结果。"当堂训练"是在教师巡视下的"练习"，学生只有凭借自己的实力才能出色地解答问题，靠"作弊"、"交流"是行不通的。"当堂训练"是对学生整节课学习情况的展示，对学生先前进行的"先学"、"兵教兵"两个环节具有较强的"反推动力"作用。所以，"当堂训练"是学生课堂"紧张"学习必不可少的一个重要环节，是课堂高效的重要保证。

（4）"比"贯穿课堂始终，使学生主动积极地参与竞争。

每一个运动员在比赛的时候都特别紧张，特别投入，都想在比赛中一展英姿。"先学后教，当堂训练"课堂教学模式，也将"比"字引进了课堂。要知道，我们的学生对比赛是最敏感、最积极的。"比"是激发、调动学生积极性最好的办法。"比"让同学们认识到自己的实际情况，知道自己努力的方向，知道自己与他人的差距，从而有针对性地进行修正、提升。在教学中，应该将"比"贯穿课堂始终。在学生"先学"时"比"，比谁在没有老师、同学"教"的情况下，通过自学能出色地解决问题；在"兵教兵"时"比"，比谁能帮助他人解决问题，比谁能在他人的帮助下解决问题；在"当堂训练"时"比"，比谁能得到满分，比谁能获得胜利。当然，在课堂教学中，不仅比成绩，还比谁积极、认真、富有创新精神、时间观念、责任与目标意识、团结协作的精神，还比自学能力、自学方法等诸多素质。"比"渗透着素质教育的内容，"比"使全班动起来了，"比"使全班掀起了"比学赶帮超"的热潮，"比"让学生更紧张，更投入。这样，课堂气氛就会特别活跃，效果也就特别好。

（5）教师在课堂上充分放手，切实做到两个"关注"。

在"先学后教，当堂训练"的课堂上，教师从上课到下课都在真正地全面放手——让学生真正自主学习、探究学习、合作学习，让学生自我总结，自我提升，自我发展。在这种充分期待与信任之中，学生就能够取得较大的进步。但为了确保学生的学习效果，我们在教学过程中还应同时做到"自主而不自流，放手而不放任，互动而不浮动"，也就是我们教师要切实做个问题的发现者、指导者、引领者。具体来讲，教师要切实做到两个"关注"：关注有问题的学生，关注学生的问题。所谓有问题的学生，是指那些不认真学习、不紧张投入的学生。教师要像孙悟空一样，火眼金睛，扫视每一个学生，如果发现不动脑、假动脑、不积极的学生，就用目光示意，用手指示意，用语言示意，用脸色示意……一句话，教师要用自己的机智处理学生的不学、假学、厌学，有利、有理、有节地处理问题学生。所谓学生的问题，是指学生在自主学习过程中遇到的难题。对于这类问题，教师不要立即教，不要立即给以指点、引导、启发，而要激励学生自己竭尽全力去解决。即使学生实在解决不了，教师也不要出场，而要引导学生相互解决，共同研究，让学生在自己解决与合作解决中尝到与困难作斗争的喜悦；只有全班学生都不能解决时，教师才出场，但不是教，而是给以必要的引导、帮助、启示。

课堂上，老师要切实做到两个"关注"，其实质就是要让每一位学生自始至终都处于"紧张"状态之中，从而使自主学习真正落到实处，使学生因自主而高效。

（6）制造"不顺"因素，让课堂"不顺"起来。

为什么在有些课堂上学生一点都不"紧张"？那是因为课堂太"顺"了，即学生在解决问题的过程中，没有遇到一点麻烦。这样的课有效果吗？答案是否定的。

"没有问题的课"是最有问题的课。顺势而下，问题好像解决了，实则是内容过于简单。教师未曾深入研究、挖掘，自然就没有问题。教师之为教，就是引导学生暴露学习中的真问题，从而对症下药、有的放矢地解决真问题；教师之为教，就是引导学生从不会到会，从不知到知，从不能到能，从不深到深，从散乱到系统，从"无情"到"有情"。有了问题，即课堂有了"不顺"，这"不顺"正是教学的好资源。一堂课，即使没有问题，即课堂很"顺"时，我们老师也应制造问题，制造"不顺"。在出题时，教师要选择有一定难度的问题，安排一些"骨头"；在学生回答问题时，教师应认真倾听，于细微处听出问题来，于回答中听出"浅薄"来，于对答中听出"所以"来；在总结提高时，教师要引导学生前后相连，左右相接，从而使问题知识化、方法化、能力化、情感化。这即是从"顺"中制造出"不顺"，从而使学生举一能反三，由浅能入深。有时我们还要故意找学生的"茬儿"，使得一石击起千层浪，诱生深入，促生思考，使简单问题复杂化、深入化、系统化，使"不顺"变成"顺"。这样，学生的学习质量就能真正提高，教师作用也就能真正发挥，这正是新课改的目标之所在。"顺"是教学的终极目标,"不顺"是教学过程中的障碍。只有遵循"不顺"——"顺"——"不顺"——"顺"的教学轨迹,只有采用疏而非堵、导而非塞的教学方法,我们的课堂才有"紧张"的氛围,才有高潮,才会精彩。

"先学后教,当堂训练"从一开始就创造了一种"不顺"的氛围——让学生一开始就自己学,怎么可能会"顺"?但这"不顺"正是教学的好资源。学生有了"不顺"后,就有了努力的方向,就会更加努力,从而通过老师的"后教"使自己最终"顺"起来,这是一种积极的"紧张",是为了掌握真正的知识而采取的积极的策略。

(7) 教师不做干扰学生学习的事,不做随便提供者,做富有激情者。

学生在有些课堂上不好好学,其原因是教师在课堂上做了干扰学生学习的事,想当然地为学生提供需要的内容。新课改倡导"放手",有些教师表面上放手,实际上处处不放手。在学生自学探究时,这些教师时不时地插话、询问,没有做到让学生静思默想;在学生遇到问题时,这些教师时不时地提醒、讲解、告知,没有做到让学生冥思苦想,这是一种严重的课堂干扰,这种干扰能让学生"紧张"吗?显然不能。

有些老师不能正确理解"激趣"、"情境"。一开始学生还未进入文本,还没有暴露学习中存在的问题,教师就用长篇大论来一段精彩导入、背景介绍、课文解题,接着又来一回精彩范读。更甚者,在学生茫茫然时,借用多媒体提供很多音像材料,美其名曰引入情境,激发情趣,实质是霸占学生的读书权、学习权、参与权,这是对学生不放心、假放手的表现。课堂是学生的课堂,教师只是组织者、发现者、引导者,应让学生从上课到下课都自己去求学。教师要不要介绍时代背景,要不要进行范读,要不要提供必要的帮助,全在于学生是不是需要帮助。如果学生都知晓了背景,如果学生能够正确阅读了,如果学生不需要教师提供帮助就能理解,则教师的这些做法就是无用的了。因此,教师要从学生的学情出发,学生需要老师讲时才讲,需要老师提供帮助时才提供帮助,而不要想当然地逼着学生走向教师，让学生做不愿做的事，听不愿听的话。不提供帮助是对学生最好的帮助，是最能促进学生"紧张"学习的。

为了让学生能紧张积极地参与到学习中，教师必须始终保持高度的激情，即教师必须全身心地投入、紧张地参与，以自己良好的精神状态感染学生、激发学生。没有激情的教师怎能培养出有激情的学生？如此，每一位学生都能"紧张"起来，一门心思地投入到学习中去，从而使学习的质量得以提高。

"先学后教，当堂训练"课堂教学模式要求教师做一个真正的富有激情者，全过程紧张。教师积极才能换来学生积极，教师用心才能换来学生用心。如果教师关注到了每一名学生、每一个问题、每一个环节，那么，学生还能马虎吗？

（8）充分发挥"小教师"的作用，用"包"的方法让学生"紧张"。

课堂上教师要关注每一个学生，让每一个学生都得到发展，这是教育的追求。但由于课堂上教师与学生之比为1:50，教师很难真正做到关注每一个学生，怎么办？运用"先学后教，当堂训练"课堂教学模式进行教学。在这种模式中，教师必须将学生全部用起来，充分发挥学生的管理教育职能，让学生相互监督，相互承包，并将相互管理情况纳入学生的百分赛考核之中。这也就是充分发挥"小教师"的作用，推行陶行知先生所倡导的"小先生制"。通过这种办法，学生不仅关注到自己学习的成果，还主动自觉地关注本组其他成员的学习成果，不仅能发现自己的问题，还能不断地发现他人的问题，从而积极地解决自己与他人的问题，不断提高自己与他人的能力。同时，通过这种办法，还能不断增强学生的团结互助的意识，促进班级学风的发展。这种"包"，促进了学生的投入，是另一种意义上的"比"和"紧张"。

当然，"先学后教，当堂训练"课堂教学模式中体现"紧张"二字的地方还有很多，大家可以用心体会，不断总结。不管怎样，"紧张"对学生学习大有裨益，必须倡导。

三、有序

1. 有序的内涵

揠苗助长的故事告诉人们，万物皆有始有终，有前有后，只有遵循事物发展的内在规律，人的主观能动性才能得到有效的发挥，才能把事情做好。违背规律，忽视客观规律对主观能动性的制约，片面强调个体的主观能动性，不按规律办事，是注定要失败的，只能使事情变坏。

子曰"不愤不启，不悱不发"，《学记》中讲"道而弗牵，强而弗抑，开而弗达"，以及西方古代教育家苏格拉底的"产婆术"等，都强调启发、引导、解答，且必须要注意时机，把握火候，注重前提，讲究有序。

著名教育家朱熹说："事有大小，理无大小，故教人有序，而不可说等。"意思是说，事情有大有小，理是无大无小的，所以在教人学习时应由小到大，由近而远，由浅到深，由具体到抽象，由已知到未知，一步一步地来，千万不可超越等级，不按次序。

系统科学理论告诉我们，世间万物皆成系统，大至整个宇宙，小至一个细胞，都是系统。任何事物越是有序化，其效能就越高。有序就是由少到多，由浅入深，由简单到复杂，由低级到高级。

哲学论强调，在实践与认识的相互关系中，实践是认识的基础，对认识起决定作用；实践是认识发展的动力，实践是检验认识真理性的唯一标准，实践是认识的目的。

心理学也告诉我们，学生认知结构的形成有其必然的逻辑，即由已知到未知，由认识的低层次向认识的高层次过渡和发展。只有遵循这种内在的逻辑，学生才能真正发展。

我们在日常生活中都有这样的感受，如果大家都遵守了交通规则，按照红绿灯的指示行走，人和车就会并行不悖，有条不紊地迅速流动。

古今中外诸多理论以及日常生活的常识无不告诉我们，只有找到事物内在的联系，遵循其内在发展的规律，才能实现预期目标，获得最大的效益。相反，如果想当然，一意孤行，置关系于不顾，置规律于不顾，置事物之序列于不顾，结局必然不好，甚至惨败。

也就是说，我们在行动过程中，要从规律出发，从事物内在关联出发，使一切行为变得有序，只有行为做到有序，过程才能精彩，结果才能高效，发展才能成为必然。

所以，有序不是指表面的有次序，不是"1—2—3"或"首先—其次—最后"这种简单的顺序，而是指符合教学规律的教学之序、学习之序、发展之序，这是课堂学习质量的重要保证。

2. 有序的表现

"先学后教，当堂训练"课堂教学模式符合科学规律，符合人们认知的规律，符合教育教学的规律，符合学生求学的规律，体现了"有序"的教学思想。

（1）"先学后教，当堂训练"课堂教学模式大处的有序。

第一，"先学"的实质就是让学生在课堂上先实践。"后教"的实质就是在学生实践的基础上，形成认识。"当堂训练"的实质就是在认识的基础上，用认识来指导实践。它充分体现了实践——认识——再实践——再认识的哲学观。

第二，"先学"的最大优点就是通过学生的自我学习，最真实地暴露出学生自主学习中存在的问题，从而让同学们和老师最真实地发现问题。"后教"的最大优点就是在学生暴露问题的基础上，师生共同有效地分析和解决问题。"当堂训练"的最大优点就是在学生解决问题的基础上，进一步深化对问题的认识，学以致用，实现问题运用的最大化，理解的深入化。它反映了人们发现问题——分析问题——解决问题——运用问题之序。

第三，"先学"是学生个体的学习行为，学生试图挖掘个体的潜能、发挥个体的力量来解决问题。"后教"是学生集体的学习行为，旨在通过合作学习、学习互动、"兵教兵"等方式，发挥集体的作用，共同来解决问题。"当堂训练"是学生个体的学习行为，是对个体学习结果的全面检测与反馈。"先学后教，当堂训练"课堂教学模式既强调个体学习的重要性，又高度重视集体研究的重要性，既科学地处理好个体与群体的关系，又使个体行为与群体行为更加有序：个体研究——有问题——集体研究——解决问题——个体反馈——集体解决。这个序，充分发挥了个体的主观能动性，调动了个体学习的积极性，促进了个体的发展。

第四，"先学后教，当堂训练"课堂教学模式较好地处理了教师的教与学生的学的关系，且使教与学具有更加科学的序列。"先学"中，教师要做好"导学"的工作——导学习内容和学习方法，"导学"工作要走在学生自学之前；"后教"中，教师要做好"导教"的工作——在学生"兵教兵"的基础上，导规律、方法、注意点、内涵、运用；"当堂训练"中，教师要做好"导练"的工作——练反思，练反馈，练质疑，练运用，练举一反三。整个教学过程中，教师的教与学生的学和谐统一，有序展开：导学——学生自学——导教——兵教兵——导练——学生训练。从这个序列可见，学是教的基础与前提，即"以学定教"，教是为了学生更好地学，即"以教促学"。这样的序列是科学的，充分体现了师生教学行为的科学性、有机性。

第五，"先学"的目的就是教师及时地发现学生最真实的现在发展区。"后教"就是根据现在发展区，通过引导策略使学生达到最近发展区。再接下来的"先学"，就是发现新的现在发展区，再接下来的"后教"就是根据新的现在发展区，通过引导策略使学生达到新的最近发展区。"当堂训练"是"后教"中新的最近发展区的进一步延续，是又一次从最近的现在发展区达到新一轮的最近发展区。这一教学模式符合现在发展区——最近发展区——新的现在发展区——新的最近发展区之序。

"先学后教，当堂训练"课堂教学模式从大处保证了课堂教学的有序，使整个课堂教学有条不紊，循序渐进，渐入佳境。

(2)"先学后教，当堂训练"课堂教学模式细处的有序。

第一，学习目标的制定与展示是有序的。

在洋思中学，教师高度重视教学目标的制定，其严格遵循由知而能、由外而内、由表及里、由浅入深的顺序。但洋思中学展示给学生的，不是教学目标，而是学习目标。学习目标是从学生的实际出发，从教材要求出发，从新课改理念下的"三维目标"出发，做到三个准确——定位准确、表达准确、数量准确。作为一堂课，首先必须要有知识目标，没有知识目标的课堂是假课堂，其次必须要有能力目标，只有有了能力目标，学生才能可持续发展，最后还必须要有情感目标，这是学生持久发展的动力。而在这三个目标中，洋思中学强调，情感目标是隐性的目标，有时是难以检测的，应该因学科、文章、内容不同而采用不同的表现形式——知道的道理可以显现，而因各种原因无法通过一节课的熏陶而达到的、必须不断训练才能达到的情感目标，则不必出示，但对于此目标教师必须做到心中有数，靠不断的渗透达到潜移默化的作用，这样就会使整个目标具体而有操作性。也就是说，目标的制定要遵循知识目标（可检测性目标之一）——能力目标（可检测性目标之二）——情感目标（知道、了解、理解类，可出示，为可检测性目标之三，如果无法检测，则为隐性目标，可省去，此为渗透性目标，应贯穿教学的全过程，而非某一环节就能凸现的，而且教师自身的形象、情感对学生具有非常重要的影响，是全过程的影响）。三个目标由低到高，由显到隐，由表及里，让学生循序渐进，不断深入，有利于学生深入地学习与提升。

第二，问题设计的有序。

问题设计的有序包括学生探究习题的有序和学生训练习题的有序。

探究习题必须紧紧围绕目标有序展开。因为目标是有序的，而探究习题是目标的具体化，所以探究习题也是有序的。但探究习题还必须遵循文本内探究习题与文本外探究习题的序，文本内探究习题实际上是引导学生更好地走进文本、学好文本、用好文本——"课本无非是例子"，但必须要充分用好"例子"，只有这样，才能举一反三，纲举目张。文本外探究习题，实际上是引导学生更好地走出文本，学以致用，培养实际运用能力。走进教材——走出教材是探究习题之序，这个序与新课改要求是一致的，促进了学生的发展。

"当堂训练"也是有序的。洋思中学的"当堂训练"是在课堂上进行的训练，包括三类题型。其一是必做题，即所有学生必须做的基础题；其二是选做题，即根据自己情况，部分学生所做的拔高题；其三是思考题，即学生在完成必做题和选做题的基础上而完成的拔尖性的题目。必做题——选做题——思考题，由浅入深，针对三类不同学生，满足具有不同要求的学生。自学指导之间、前后问题之间存在一定的序列，存在一定的梯度。没有一定联系而无序堆积起来的课堂问题是没有吸引力的，前后之间密切联系又有一定梯度的问题才能使学生对每个问题都感兴趣。这样的设计，既注重了培尖，又注重了补差，切实做到水涨船高，可谓一举多得。深一层的问题可以通过追问的形式实现，或者通过课堂有机地插入进行，这样，差生能理解，尖子生更能理解。从具体的问题到抽象的问题，这样的设计有层次、有坡度、有梯度，前一个问题是后一个问题的基础和前提，后一个问题是前一个问题的深入和继续。在递进提问中思考、解决问题，从而使学生能力逐步提高。

第三，学生自学后问题解决的有序。

学生自学后，必然产生问题。对这些问题的解决必须充分体现科学的有序：

①先差生后优生，先学生个人解决后学习小组解决，接着全班学习大组解决，最后教师出场引导解决。这样做体现了洋思中学解决问题的策略——简单的问题由个人解决，中等难度的问题由小组研究解决，高难度的问题由教师引导解决。

②解决问题时，首先要一类一类地讲，体现各类题的共性，再一题一题地讲，体现各道题的个性。

③先解决简单的题目，再解决中等难度的题目，最后解决高难度的题目。

这样解决问题的顺序，充分遵循了人的认知规律，使得学生在不知不觉中学得了知识，获得了发展。

第四，学科学习的有序。

"先学后教，当堂训练"课堂教学模式包括了多次学和多次教，而这多次学和多次教之中有着高度的序列，依据不同学科的特点而安排不同的序。例如：

语文：一学，初读课文，整体感知；二学，精读课文，把握重点；三学，回读课文，质疑反馈。其顺序由整体到局部再到整体，符合语文学科的学习特点。

数学：一学，看文本，解概念；二学，看例题，想规律，找方法；三学，想变式，能迁移。其顺序由概念到内容再到运用，前后相承，由浅入深。

理、化、生：一学，看文本，做实验；二学，得结论，找公式；三学，研例题，做习题，能运用。其顺序从实验到结论再到运用，符合实验教学的一般特点。

英语：一学，读单词，解单词；二学，学文章，思方法，得规律；三学，用规律，用方法。其顺序由单词入手，逐层深入，从课文的学习中找到方法，把握规律，使学习变得简单易行。

第五，多媒体运用的有序。

现在多媒体教学法似乎已经成为一种"时尚"，很多课都变成了多媒体的天下，多媒体成了课堂的主宰。书本、笔记基本沿用，课件成了中心，教室成了电影院，学生成了观众，教师成了放映员。洋思中学的课堂也很重视多媒体的运用，但洋思中学的多媒体运用的宗旨是为目标的达成服务，为学生的发展服务，为课堂的高效服务。因此，教师在课堂上特别讲究多媒体运用的顺序。在洋思中学，教师课前准备了课件，但必须等到学生需要时才出示，即必须在学生先思考后仍不会，或不能深入理解的情况下出示，只有在能起到作用的情况下才能运用。也就是说，在课堂上，一定要处理好传统教学设备与现代教学设备之间的关系，使两者合二为一，共同为课堂的高效起作用。

第六，预设问题与生成问题解决的有序。

新课程改革强调充分预设与精彩生成。于是，很多课堂强调要追求精彩的生成，而忽视了课堂的基本预设，致使目标不能达成。在洋思中学的课堂上，老师既注重课前预设，也重视课堂生成。其基本原则是：预设目标是课堂的基本追求，是课堂的总纲，必须先完成预设，再在其基础上，完成生成；如遇特殊情况，即课堂生成的内容有助于更好地达成预设目标或如果不及时解决课堂生成的问题就会影响预设目标的达成，则先有机解决生成的问题。这样解决问题，从实际出发，从目标要求出发，较好地处理了预设与生成的关系。

第七，先举手后发言的有序。

在很多课堂上，尤其是在新课改的课堂上，为了体现以生为本，让学生做课堂学习的主人，让学生自主表达，很多老师取消了学生举手发言的限制。只要学生有了答案，有了思考，就可以不需举手直接讲话。学生在课堂上可以"插嘴"。这样做似乎很有道理，但"插嘴"极易造成课堂秩序的混乱，造成学生抢话说、缺乏纪律性、不尊重他人、侵占他人发言的权利等多重问题，不利于培养学生良好的习惯、修养、品质，不利于学生成长为一个现代人、文明人。

洋思中学规定，学生在课堂上要发言必须先举手，这不仅可以维持课堂的教学秩序，更可以使我们的教师透过学生这一举手现象，发现学生在学习过程中存在的问题，从而有效地组织教学。同时，这样的规定对集体学习条件下的大众自主表达权的保护以及对"未来公民"的社会规则意识与适应能力的培养都具有重要作用。这种"先举手后发言"的顺序，使课堂教学管理更加规范，体现了"面向全体，尊重主体"的教育思想，其基本意义在于全面形成了班级授课制下课堂教学的有序状态。在这种有序状态下，学生发展会更全面，学习效果会更好。

第八，参考资料在课堂上处理的有序。

应该说，参考资料对学生学习有着非常重要的作用。尤其是在新课改背景下，让学生占有资料，能拓展学生的思维，促进其自主发展。于是，课堂成了翻阅资料的课堂，只要开始学习，动辄就翻阅资料。结果，当老师问道是否理解时，学生都会举手，当老师问道是否能运用时，学生就会异口同声地说"会"，而在真正地进行知识的迁移与运用时，学生却出现了言行不一的情况——不是抓耳挠腮，就是左顾右盼，再就是翻阅资料。原因就是学生在课堂上翻阅资料只是为了找到问题的答案，而非去思考答案的来由，即只知其然，不知其所以然。

在洋思中学的"先学后教，当堂训练"的课堂上，教师绝不允许学生在"先学"之前、之时查阅问题的答案，学生必须自我思考，积极探求；自学之后，学生有了自己的理解，有了问题，仍不能查阅资料，要努力通过"兵教兵"的方式（同学帮同学，会的帮不会的，思维快的帮思维慢的）给以解决。如仍不能解决，就在教师的引导下，通过查阅资料、老师启发等方法给以解决。也就是说，学生的查阅资料在学生学习之后进行，且未必让学生查阅，如果学生能自己解决最好，如果能在他人的帮助下解决也可以。在这样的次序的安排下，我们的学生在课堂上就会积极地思考，不断地努力，从而能培养学生的真能力，发展学生的真思维，促进学生的真发展。

有序是各项工作都必须遵循的原则，和谐社会的一个重要特征就是有序。同样，有序也是"和谐课堂"的一个重要特征。但是，在实际教学中，我们要科学地处理有序教学的问题。"大处着眼、小处着手、统筹安排、灵活处理"是有序教学的基本思想。"先学后教，当堂训练"课堂教学模式充分体现了这一思想，它既注重教育教学的整体环节，又通盘考虑有序的问题，在大处符合有序的要求。

当然，在具体的教育教学中，我们不可能也没必要在每一时刻、每一环节、每一个问题上、每一个行为上都去考虑"有序"的问题。但我们必须要有"有序"的思想，不断训练，不断调整，不断提升，不断实践，科学地处理各个内容。这样，我们的课堂就会充满精彩，新课改"高效"的目标就能实现。

真实、有序、紧张是"先学后教，当堂训练"课堂教学模式的重要特点，也是新课改的重要特点。传统教学之所以低效，就在于其不够真实，往往以老师为中心的表现与表演，是老师的"精心"表现；不够有序，教学设计与流程往往以老师为中心，有利于老师教而不利于学生学；不够紧张，整个教学内容往往以教师为中心，从教师的角度考虑讲什么和怎么讲，而不是从学生的角度考虑学什么和怎么学，整个课堂教师很投入，但学生只是被动地听、记、学，没有主动地投入。

所以，真实是课堂高效的前提，有序是课堂高效的保证，紧张是课堂高效的标志。

根据教师操作实施和学生能力发展的不断提升，可以将"先学后教，当堂训练"课堂教学模式分为三个基本发展层级：引领式、互助式、自由式。

"先学后教，当堂训练"课堂教学模式的层级

根据教师操作实施和学生能力发展的不断提升，可以将"先学后教，当堂训练"课堂教学模式分为三个基本发展层级：

第一，引领式"先学后教"。

这是"先学后教，当堂训练"课堂教学模式的初始阶段。在这一阶段，由教师示范提出探究目标，进行学习指导，学生按教师指令学习。这是一个较长的学习阶段，教师要全面规划、引领学习策略——怎样确定探究目标、学习内容、学习方法、学习时间等，让学生在反复的历练中不断提升，从而不断理解、内化、掌握、运用科学的学习策略，包括所有学科共性的学习策略与每个学科个性的学习策略。

第二，互助式"先学后教"。

这是"先学后教，当堂训练"课堂教学模式的发展阶段。在这一阶段，老师的作用不是引领学生确定学习目标和对学生进行学习指导，而是组织课堂，布置学习内容，让学生个体和学生群体通过彼此互动、研讨确定学习目标和学习策略，必要时教师也参与其中。这一阶段必须建立在坚实的初始阶段之上。

第三，自由式"先学后教"。

这是"先学后教，当堂训练"课堂教学模式的提升阶段。在这一阶段，老师的作用纯粹是组织，老师只把研究的内容说明一下，之后就让出时间使学生全过程自由支配课堂学习时间、学习目标、学习策略、学习问题的解决以及巩固训练。这一阶段的教学模式是在发展阶段不断成熟下的教学模式，这种教学模式表面上完全地放手，实质上是建立在学生能力基本形成的基础上的。这是完全意义上的学生学习解放模式，它充分体现了叶圣陶先生所讲的"教，是为了达到不教"的教育思想，既是教师教学的最高境界，又是学生求学的最高境界。

"先学后教，当堂训练"课堂教学模式充分继承和发扬了孔子的教育思想；"先学后教，当堂训练"课堂教学模式是陶行知教育思想的精彩演绎；"先学后教，当堂训练"课堂教学模式是新课改思想的成功实践。

"先学后教，当堂训练"课堂教学模式的理论基础

"先学后教，当堂训练"课堂教学模式是中国古代和现代著名教育思想的最充分的体现。

一、"先学后教，当堂训练"充分继承和发扬了孔子的教育思想

1. "有教无类"与"没有教不好的学生"

作为中国古代最伟大的教育家，孔子开私人办学之先河，首先打破了"官学"的限制，使学术下移；他提出了"有教无类"的教育思想，克服重重阻挠，冲破了阶级的等级界限，使许多平民子弟得以接受教育，如子路、子贡等显达之人都是平民出身，经过孔子的教育，皆名垂千古。

孔子所倡导的"有教无类"就是对各类人要平等看待，都施以教育，变"学在官府"为"学在民间"、"学在平民"。"有教无类"就是人人都有接受教育的权利，教育面前人人平等；人人都能通过教育得到改变，得到提高；教师在教育中要对每一位学生负责，进行有效施教，要教好每一个学生，不能有区别，这是教师的责任，也是教师的义务。

"没有教不好的学生"是洋思中学的办学理念，是洋思中学的办学观、学生观、人才观、质量观的最重要的体现。这一理念刚被提出，就受到了社会各方面的质疑，得到很多有思想的人的深究——这是不切实际的，是胡夸，是纸上谈兵，是海市蜃楼。但洋思中学对此却从没动摇过，始终坚持着自己的信条，坚定地走着自己的路，努力将这一理念变成现实。事实上，洋思中学以自己的实践，以无可辩驳的事实证明了"没有教不好的学生"这一理念是科学的，是能够实现的。

洋思中学原本是一个师资三流、设备三流、生源三流的偏僻、落后、薄弱的农村学校，经过26年的发展变化，现在已挺进了城市，规模逐年扩大，由原先的5个班逐步发展，1998年发展到了9个班，1999年发展到了18个班，2000年发展到了27个班，2001年发展到了46个班，2002年发展到了56个班，而今已达到了65个班。全校3300多名学生中，仅有15%是本地生，其余都是来自全国各地的学生，这些学生的素质如何？一个字"差"。哪一个家长会轻易地把孩子送到遥远的地方来读书呢？应该说，送小孩外出读书是没有办法的事，谁让孩子发展不良呢？洋思中学发展壮大的根本原因是什么？不是靠教好几个尖子生起家的，而是从教好成绩排在最后一名的学生起家的。现在，许多学校都担心"差生"会砸了学校的牌子，而洋思中学却因"差生"而创造了牌子。洋思中学的"发迹史"，从某种程度上讲就是"差生"的家长支持的结果，因为洋思中学把"差生"转化了，使许多无望、失望的家长看到了希望，洋思中学成了这些家长最后的"救命稻草"，让这些家长"满载而归"。由于坚持"没有教不好的学生"的理念，在教育竞争日益激烈的今天，洋思中学走出了一条独特新颖的办学之路，开了全国办学之先河。"要成才，到洋思"成了许多家长的口头禅。洋思中学从不挑剔学生，从不嫌弃学生。不管学生多难教，只要进了"洋思门"，就是"洋思人"，教师就会把学生当作自己的孩子，切实为家长服务好，最终把学生教好。"酒香不怕巷子深"，可以说，在大力提倡素质教育的今天，在家长高度重视孩子的前途的今天，在市场经济高速发展的今天，在生源严重萎缩的今天，谁把"差生"教好了，谁就是英雄，谁就把握住了教育的脉搏，谁就主宰了教育的命运，谁就能在教育竞争的大潮中立于不败之地。洋思中学做到了这一点，不做广告，不自我标榜，却马不停蹄，一路高歌。

"有教无类"与"没有教不好的学生"是两种不同的表述，虽然各有内涵，但经过比较，不难发现，它们在本质上是一致的，都从人的发展的观点来看待活生生的人，都符合科学发展观的思想，符合马克思主义关于人的发展本质的论述。洋思中学的"没有教不好的学生"的理念又是孔子教育思想的进一步提升与发展，是对孔子教育思想的全面尝试与实践，从现代科学教育的角度诠证了"有教无类"的思想不是虚幻的，是通过努力完全可以实现的。

2."不愤不启，不悱不发"与"精彩的引导"

"不愤不启，不悱不发"是孔子关于教学方法的最重要的论述。按宋代朱熹的解释："愤者，心求通而未得之意；悱者，口欲言而未能之貌；启，谓开其意；发，谓达其辞。"也就是说，"愤"是学生对某一问题积极思考，急于解决而又尚未搞明白时的矛盾的心理状态。这时教师应适时地对学生思考问题的方法给以指导，以帮助学生开启思路，这就是"启"。"悱"是学生对某一问题已经有了一段时间的思考，但尚未考虑成熟，处于想说又难以表达的另一种矛盾的心理状态。这时教师应帮助学生明确思路，弄清事物的本质属性，然后用比较准确的语言表达出来，这就是"发"。整句话的意思是，如果一个人不是到了发愤求知的地步，就不要开导他；如果一个人不是到了自己努力钻研，百思不得其解而感觉困难的地步，就不要引导他更深入一层。孔子在这句话中关于"启"和"发"的议论，就是我们今天"启发"一词的最早起源。这种启发式教学的精神就是教师必须把学习的主动权交给学生，只起一个引导的作用。

"不愤不启，不悱不发"虽然只有短短的八个字，但它不仅生动地表现出孔子进行启发式教学的完整过程，而且还深刻地揭示出学习过程中遇到疑难问题时将会出现的两种矛盾的心理状态（两种不同的思维矛盾），以及这两种矛盾的正确处理方法。一般而言，学生学习时，由教师或学生自己提出问题，由学生去思考，等到学生处于"愤"的心理状态时，即遇到思维过程中的第一种矛盾而又无法解决时，教师才去点拨一下。然后学生继续去认真思考，等到学生进入"悱"的心理状态时，即遇到思维过程中的第二种矛盾且无法解决时，教师再点拨一下，从而使学生感到柳暗花明，豁然开朗。孔子还提出：在教学过程中，教师在启发时还应做到"道而弗牵，强而弗抑，开而弗达"。也就是说，教师应积极引导，以"开导"的教学方法代替"牵"、"抑"的教学方法。孔子强调的"不愤不启，不悱不发"从另一个侧面告诉我们：如果学生不努力学习，那么，灌输再多也没多大用处，启发是建立在学生努力学习的基础上的。

"精彩的引导"是"先学后教，当堂训练"课堂教学模式中对教师在课堂上的作用的最为精要的概括。它要求教师在新课改理念的引导下，切实做到全过程放手，让学生自主学习、探究学习、合作学习，最大限度、最为准确地暴露学生在学习过程中存在的问题，真正变"课堂"为"学堂"，变"教室"为"学室"，做到"我的课堂我主宰"，从而增强学生课堂学习的责任感和目标意识。为了真正能够让学生在课堂上学有所获，学有所得，不让我们的课堂变成"放羊式"的课堂、"无人管"的课堂，洋思中学依据学生学习的特点，提出了课堂上"三不"教学思想，即"自主而不自流，放手而不放任，互动而不浮动"。在课堂上，老师先让学生紧紧围绕本课时的学习目标和任务进行自我实践、自我探究、自主学习；接着，让学生就不会的问题相互探究、相互实践、相互学习，如果学生还不会，或理解不透、形不成规律、找不到方法，就由教师进行"精彩的引导"，给以最终解决。这种教学遵循了循序渐进的原则，使学生由知而能，由感性而理性，由表及里，由特殊到一般，由走进书本到走出书本，最终达成"三维目标"，使学生的学习成了快乐的生存方式。

洋思中学的课堂教学模式特别强调课堂上必须以学生为主体，真正把学生当作学习的主人，还学生课堂学习权，做到全过程让学生学、思、探、实践。在学生的学习过程中，教师必须以学生的学、教、练为主线，由教学的一线退居二线，由教学的传授者变为教学的组织者、引导者。教师要切实转换角色，做课堂教学的导演，而非演员。只有在学生通过互教仍存在问题的情况下，教师才能出场。这种出场，不是为了解答、告知、传授，而是为了"精彩的引导"。引导要作为问题与答案、规律、方法、内涵之间的最有效的桥梁与纽带，使学生能够通过教师的引导来解决问题，最终学到知识，形成能力，获得情感上的熏陶。洋思中学要求，教师一定要具备点石成金的本领，而这种点石成金之术就是教师的"精彩的引导"。引导不是讲解，是学生学习的辅助，也即是几何题中的"辅助线"，这个"辅助线"只有准确、到位，才能称之为精彩，才省时、高效。

　　2002年，《中国教育报》刊载了《洋思中学一堂课教师只讲四分钟》一文，在当时引起了很大的轰动，许多人不理解，都质问："一堂课只讲四分钟"，怎么可能？可到过洋思中学的人都会说这是事实。中国教育学会副会长陶西平也讲过：洋思中学真正实现了教师角色的转换。那么，怎样实现"一堂课只讲四分钟"的目标？"一堂课只讲四分钟"，学生真的会了吗？"洋思人"说，知识、能力、方法等不是教师教会的，而是学生自己学会的，是学生自己通过实践掌握的；教师教得越多，就会捆缚学生越紧，学生学的时间就越少，就越不会；而教师教得越少，学生自主学习的时间就越长，实践的机会就越多，熟能生巧，实践出真知，学生自然就越会；教师在课堂上的作用就是在学生真正不会时给以"精彩的引导"。很多到洋思中学来参观的人，几乎满堂课都看不到教师的表演，有些不明教理的人便说洋思中学的教师没水平。这种思想是错的。我认为，教师素质的高低，不在于教师会不会讲、会不会写，而在于教师会不会引，会不会导，引导的水平与效果如何。事实上，到洋思中学听过课的教师无不认为洋思中学的课堂是高效的，其高效的根本原因是教师科学地处理了放手与引导、学与教的关系。

"不愤不启,不悱不发"与"精彩的引导"虽是两种不同的表述,但却是同一种思想,都强调了课堂上学生的学必须在教师的教之前,教师作用的发挥必须建立在学生紧张、积极、认真、冥思苦想的基础上。"精彩的引导"除强调了学生自己必须先独立学习外,还强调了学习的责任、集体的合作、教师的作用。

3. "因材施教"与"吃自助餐"

"因材施教"是孔子的又一非常重要的教育思想。孔子指出,人的智力有智、愚、中之分,人的性格有鲁、喭之异,人的心理状态有勇进与退缩之别,每个人的才能有不同的发展趋势。例如:有的人适合搞文学研究,有的人适合从政,有的人适合搞军事研究,有的人适合经商。因此,教师在教学中只有根据这些不同的心理特点进行施教,才能获得理想的效果。孔子不仅能做到因人施教,还能做到因时间、地点、环境而施教,根据学生的心理状态和思维过程的不同特点而施教。在教育中要对学生"听其言而观其行"(《论语·为政》),要根据学生才能的高低进行教育。"中人以上,可以语上也;中人以下,不可以语上也。"(《论语·雍也》)尽管"因材施教"这一概念是宋代学者朱熹在总结孔子的教学方法时归纳出来的,并非孔子本人提出的,但是从孔子一生的教育实践来看,他确实是世界上最早也是最完整、最深入地把因材施教方法运用于教学过程的教育家。孔子的"因材施教"的教育思想对后世有着非常大的影响。

"吃自助餐"是"先学后教,当堂训练"课堂教学模式中针对学生学习的策略之一。它提出在学生的学习过程中,要切实做到让每一个学生都发挥主观能动性,要针对学生的不同情况,尤其是知识基础、思维水平与能力、行为习惯等差异,让学生进行自我教育、自我提高、自我反馈,做到"我的课堂我做主","我的命运我掌握",使课堂成为学生自主提高的课堂。为了达到这个目标,洋思中学的课堂上出现了全过程让学生"吃自助餐"的现象:

学生"先学"时,教师要求学生紧紧围绕着学习目标,在同一时间内学习相同的内容、相同的任务。由于每个人的情况不同，有的人学得快，有的人学得慢；有的人学得深，有的人学得浅；有的人学得全面，有的人只限于局部；有的人能前后贯通，有的人则前后不联系。为了解决这些问题，教师要求学生自备一两本与课本相关联的教材或辅导用书。这样，对于"尖子生"而言，就可以在自己学好的同时，不受课堂学习的限制，自找内容，自学知识。这种"吃自助餐"满足了不同学生的要求，同时对于后进生也是一种促进。

在"后教"环节上，同样强调让学生吃好"自助餐"。好学生如有不明白的完全可以与其他好学生或教师一同研究，使自己得到更大的提高，使自己能够学到更多的知识；差同学可以与好同学一同研究，使自己能够学到需要的知识。这样，成绩好的学生与成绩差的学生各有所得，相得益彰。

在"当堂训练"时，训练题由必做题、选做题和思考题三种题型组成。三种题型难度逐步升级，目的不一样，作用也不一样，满足了不同学生的发展需求。必做题针对所有同学，所有同学务必全部会做；选做题在必做题的基础上完成，这种题型一般针对成绩中上等的学生，但教师也鼓励成绩中下等的学生去做；思考题则是针对班级的"尖子生"出的题目，是一种高难度的题型，是拔尖的需要，但不排斥其他同学参与做题。这也是学生根据自己的实际所吃的"自助餐"。

课堂上的"自助餐"，满足了不同学生的不同需求，让好学生"吃得饱"，让一般学生"吃得了"，最终达到"水涨船高"，从而使课堂更能走进学生实际，更人性化、班本化、学本化、高效化。学生在"自助餐"的引领下会变得好学、乐学，其学习效果自然就越来越好，课堂真正成了"培尖补差"的主阵地。

"因材施教"与"吃自助餐"是针对学生实际情况进行教育的不同说法，实际上都体现了实事求是、一切从实际出发、针对实际教学的教学思想。两种教学思想都要求教学要针对不同的教学要求、不同的学情而施以不同的教学内容，采用不同的教学方式，以最大限度地调动每一个学生的学习积极性，充分促进学生的发展。这种教学策略促使各个层次的学生都跳起来"摘桃子"，从而促进每个学生成人、成才。特别是对那些成绩较差的学生来说，这种教学策略能使他们以一个平常的心态对待学习和考试，不厌学，不逃学，真正把学习当成自己的事，从而不断提高，不断进步。现在积极推行的素质教育承认人与人之间的差异，并由此出发，针对不同的个性特点，对不同的学生施以有区别的教育，使学生的个性得到健康和完善的发展。洋思中学把"因材施教"与"吃自助餐"有机融合，不断实践，于是出现了"没有教不好的学生"的现象，出现了"让每一位家长满意"的喜人景象。

4. "教学相长"与"互动生成"

"教学相长"是孔子在教学实践过程中总结出来的宝贵的教学经验和教学原则。所谓教学相长，就是教者与学者，即教师与学生之间在教学中相互学习、相互促进、相得益彰的一种教学方式。这种教学方式是建立在师生之间相互信任、师生平等的基础之上的，没有这种信任关系，就谈不上教学相长，也不会取得好的教学效果。孔子认为，从事教育工作的人员所经历的生活各不相同，社会阅历不同，自然文化层次与知识结构也就有着很大的差异。他在主张发挥教师主导性的同时，也倡导教育者向受教育者学习，"三人行，必有我师焉"，只有不断向他人学习，才能不断充实自己，在教与学的过程中使自己的教与学生的学得到真正的提高，这样的教与学才会事半功倍。

"教学相长"还包含了孔子对人的发展的看法。孔子关注的不仅仅是学生，还包括教师，他常从学生的发言中得到启发，一旦学生有精彩的发言，他就及时给予表扬和鼓励，并且在教学过程中不断提升自己。他认为，在教学过程中，教师要摒弃师道尊严，教师与学生要互相协调，共同促进，从而实现教师与学生都能提高的双赢的局面。

"互动生成"是"先学后教，当堂训练"课堂教学模式的一个重要特征。它要求在课堂教学中，一方面，教师要充分放手，让学生自主学习、自主实践、自主探究；另一方面，教师要时时不忘互动。

为确保高质量的互动，我们要注意以下两个方面：首先，要保证教师和学生之间的人格平等和师生互爱，这是互动的前提。师与生应处于同等地位，教师要尊重学生在教学中的主体地位，尊重学生的自尊心和个性特点，尽量使师生间情感交融，以营造一个良好的有利于互动的氛围。其次，要坚持教学民主，这是互动的保证。在课堂上，教师除了要让学生充分发表意见，并接受学生的正确意见外，还应注意"观点开放"——除一些大是大非的原则问题外，教师不要轻易否定学生的观点，即使有错误也不要直接否定，可以用学生的错误推导出显见的大谬大误，让学生自己理解错误所在，而不能阻断学生的"言路"。只有进行充分有效的互动，才能实现高质量的生成，才能变课前"静态备课"、"形式备课"为课上"动态备课"、"生成备课"，从而提高问题解决的针对性、有效性，实现课堂的高效。

洋思中学要求，教师在课前必须精心、充分、全面地备课，在预设上下工夫，把课堂看成战场，用心策划"作战方案"，切实为课堂上学生的学习设计好学习策略。为了让学生能正确而深刻地学到东西，教师要勤于学习，善于学习，从而不断提高自己的业务水平，这就使"教"长进了一步。同时，为了使教具有针对性、有效性，教师必须走进学生，了解学生，研究学生，这又促使教师得到了一定的提升。由于课堂如同战场，情况是千变万化的，所以教师不能完全按照原先计划办事，否则就会严重脱离实际，脱离学情，教学工作就没有了针对性、实效性。这就要求教师在课堂上，一方面要放手让学生自己先去研究，以最大限度地暴露和发现学习中存在的问题；另一方面要加强巡视、观察、思考，从学生生成的共性和个性的问题入手，不断修正课前的备课，将课堂上学生的所思、所讲、所暴露的问题充实和融入到教学之中，并想出新的解决问题的办法，从而变静态的备课为面对面的动态的备课。教师在课堂上不只进行一次这样的备课，要不断调整、调适课堂授课办法，生成二次备课，三次备课。

当然，教师在这样的互动与有效的生成下，各方面的能力自然都能得到提高——学生能提供教师未知的知识，提出教师未曾考虑到的问题，解决教师不能解决的题目，说出教师没有想到的解决问题的方法。对教师来说，这确实是一种最好的"业务进修"。在这种教学模式下，教师的教学行为和学生的学习行为都能得到长足的发展与提高，可谓一举多得。

"教学相长"与"互动生成"是两种不同的说法，但两者都强调教师在教学中要依据学生的学情有效地施教。虽然"教学相长"的范畴很广，内涵很丰富，但其中确实包含了"互动生成"的因素。"互动生成"是"教学相长"的一种最为重要的形式，或者说课堂上的"教学相长"就是"互动生成"。事实上，"教学相长"的主渠道就是课堂，课堂是师生双方都能得到不断发展与提升的舞台。只有高度重视学生在课堂上存在的一系列问题，学生的能力才能得到提升，这在另一个层面上也提高了教师教的能力与水平。

新课程理念认为，教学是师生互动的活动，老师是学生学习过程中的合作者、促进者、服务者，是学生成长的引导者、学生发展的领路人；学生本人才是成长的主人、发展的主体，师生间应进行心灵的沟通，只有这样，双方才能在有效的交流与合作中不断得到提高。洋思中学的课堂教学是新课程理念的最充分的体现，更是孔子"教学相长"思想的具体实施。

二、"先学后教，当堂训练"是对陶行知教育思想的精彩演绎

陶行知（1891—1946）是中国现代史上著名的人民教育家和大众诗人。他毕生致力于人民教育事业和民族民主革命运动，给我们留下了宝贵的精神财富。尤其是他的教育思想和教育实践活动，不仅在当时的国统区和老解放区有很大影响，而且在国外也有很大影响；不仅对解放前的中国教育起着引领作用，而且对当今的中国教育，特别是新课改背景下的教育同样有着举足轻重的前瞻性的作用。毛泽东赞誉他为"伟大的人民教育家"。

"先学后教,当堂训练"虽然仅仅只有八个字,但其内涵是丰富的。从本质上讲,它与陶行知先生的教育思想是一致的,是陶行知教育思想的最为有益的实践、最为成功的尝试,是陶行知教育思想的精彩演绎。

1. 教育思想:"爱满天下"与"没有教不好的学生"

陶行知教育思想的出发点是为了人民的解放、人民生活的幸福,他的"生活教育"是大众教育。他说:"少爷小姐有的是钱,大可以为读书而读书,这叫做小众教育,而人民需要的是大众教育,为生活的教育。"陶行知先生所倡导与实践的教育揭示了教育的本质——教育是一种"爱"的教育,是"所有人"都发展的教育。他率先提出了"爱满天下"的教育理想,积极倡导与实践"平民化教育"、"大众化教育",这是教育的归真。为了实现这一理想,陶行知先生付出了很多心血,对后人产生了巨大的影响。"民本教育"也就成为了有志于教育事业的人们的追求。

洋思中学在陶行知教育思想的影响下,在自己积极实践的基础上,在八十年代初期就提出了响亮的教育理念——"没有教不好的学生"。这一理念的内涵是我们的教育是为学生服务的,因此,我们有责任、有义务,也必须无条件地教好每一个学生;只要真正对所有学生付出爱,只要真正实施对学生充满信任、期待、热爱的教育,所有学生就能无一例外地被教好;学生没有高低贵贱之分,所有学生都应该接受教育,也都能接受教育;学生之间"只有差异,没有差生",只要方法得当,措施得力,就不存在所谓的"差生";学生教不好,责任不在学生,是教师的不相信、不负责、方法不当造成的;没有教不好的学生,只有不会教的老师,差生绝不是天生就是差生,一切差生都是教师不会教的结果。

为了实现"没有教不好的学生"这一崇高理想,洋思中学不断探求有效的途径和方法,除了在思想上统一认识之外,更紧紧抓住课堂这个牛鼻子,切实有效地进行了"先学后教,当堂训练"的课堂教学改革——以课堂为载体,让课堂成为爱的课堂,成为大众的课堂,而不是少数尖子生的课堂;提出了在课堂上要切实采用两个"优"(优待差生和差生优先)和两个"关注"(关注一切有问题的学生和关注学生的一切问题)的教学策略,在课堂教学中既要重视"尖子生"的发展,更要重视"后进生"的发展,让每一位学生都能享受优质教育,做到因材施教,实现大众教育精英化和精英教育大众化,将大众教育与精英教育合二为一,有机融合,从而把陶行知的"民本教育"思想落到实处并获得提升。

2. 教育目标:"千教万教教人求真,千学万学学做真人"与"教育就是学生求真、求善、求美的素质教育"

陶行知先生不愧是我国伟大的教育家,他提出了教师教学和学生求学的终极目标——"千教万教教人求真,千学万学学做真人"。他认为,教育方法千千万,都只能围绕一个"真"字展开:教师真教,学生真学,最终使我们的学生成为真人。这是对教育本源的揭示,对人的发展目标的揭示。另外,这也是对社会教育的一种期待:如果人人都是真人,那么,社会就会和谐,人人就能向上,教育的伟大理想就能实现。在教育目标性的问题上,虽然陶行知先生未提及"真"就是一个人最为重要的素质,但从他的种种论述中,可见其对"真"的钟爱与追求。

教师如果从教育学生做真人,而不是做假人的高度出发,就会理解"真",践行"真"。首先,教师自己要做好真人,给学生以示范,这不就促进了自身的发展吗?其次,在教人求真上做文章,付出真爱、真情,寻求真法,真心实意地为每一个学生服务,让每一位学生都去自觉地求真、务实,这不就促进了学生的发展吗?这样的教育才是真教育,否则就是假教育;这样进行真教育的教师才是真教师,否则就是假教师;学生只有在教师的真教育下真求知,真做人,实现自己的目标与理想,尽到自己的责任与义务,这样的学生才是真学生,这样的学习才是真学习。"真"是由教师与学生的自然性与社会性所决定的,一个"真"字将教师与学生,将教的行为与学的行为融为一体,"真"揭示了教育的真谛。

"真善美"是洋思中学的校训。洋思中学认为,教育的终极目标就是使我们的学生求真、求善、求美,使我们的学生成为真人、善人、美人。

而求真是求善与求美的前提。一个不真的人，是绝对不可能去求善与求美的，即便有什么所谓的善与美也都是装出来的、做出来的，不会长久。

如何使教育成为"真善美"的教育呢？洋思中学认为，必须将其切实落实到课堂教学之中，落实到课堂教学的每一个环节之中，因为课堂是教育的主阵地与主渠道。为此，洋思中学提出，课堂教学一定要"真"，每一个环节、每一个目标、每一个问题、每一个人、每一项活动、每一个举措都要"真"。只有课堂教学"真"，学生才能获得真发展，学生课后的思想与行为才可能真，学生未来才能有真前途。

为了实现课堂之"真"，洋思中学精心研究课堂，分析教师与学生的行为，大胆提出了"课堂要'打假'"的教学策略。何谓"打假"？就是打击课堂上存在的各种假现象。这种假现象，不仅包括学生"假学"的现象，还包括教师"假教"的现象。如教师不相信每一个学生都能学好，不把爱施向每一位学生，这就是教师的教育思想"假"。作为教师，必须树立人人都是可塑之才、"没有教不好的学生"的教育思想，在具体的课堂教学中做到"素质课堂化，课堂素质化"。"洋思人"认为，素质教育的本质就是"真善美"，应该将之贯穿于课堂教学的始终——让学生全过程为求真、求善、求美而紧张、有序、高效地学习，这样的课堂才能促进人的真发展。

洋思中学的"课堂要'打假'"的教学策略与陶行知先生所倡导的"真人"教育从本质上是一脉相承的，它们的内涵是一致的，都是为了实现学生发展的终极目标——"真"而进行的教育。

那么，怎么实现这个目标呢？运用"先学后教，当堂训练"课堂教学模式。在"先学"时，教师要关注每一个学生，让每一个学生认真、积极、负责地进行真学习，学生在真学习中暴露的问题当然是真问题。在"后教"时，教师不是讲题，而是让学生共同研究，这时教师仍要关注学生的表现与问题的走向，这是在培养学生的真思维，只有真正全身心地投入，学生才能最终解决真问题，获得真发展。在"当堂训练"时，教师要全程认真"监考",学生自觉做题,投入其中,最后做出来的都是真成绩。如果有错误,教师就在课后给以帮助与引导,从而使学生真正得到发展。这样的课堂不是真课堂吗?这样的课堂教学不是真教学吗?这样的教育不是求真、求善、求美的真教育吗?如果不求真,学生会有真问题吗?如果不求善,学生会积极努力吗?如果不求美,学生会有好的学习成果、学习习惯吗?素质教育的本质——"真善美"在洋思中学的"先学后教,当堂训练"课堂教学模式中得到了最好的实践。

只有对"真"字全面理解,全面实施,全面提升,我们的课堂才能充满生机与活力,学生才能得到科学持续的发展,新课改背景下所提出的素质教育的目标才能实现,才能真正构建"和谐课堂"。洋思中学的课堂教学就是一种真人的教育、教人求真的教育,是对陶行知"教人求真"、"学做真人"教育思想的最有效的实践。

3. 教育原则:"教学做合一"与"以学促教,以教导学"

陶行知的教学方法论十分清晰。他认为,"有行的勇气才有知的收获",教育教学方法应该是灵活的,教学方法的选择要根据做的内容及教的规律、学的规律来决定。他提出了"教学做合一"的教育原则,认为"教学做合一"不仅是生活的方法,也是教育的方法。"教学做合一"的含义是"教的方法根据学的方法,学的方法根据做的方法,事怎样做便怎样学,怎样学便怎样教。教与学都以做为中心",即在教育教学过程中,要特别重视实践。"行是知之始,知是行之成"更是陶行知教育思想的经典总结。

根据陶行知的教育原则和本校的实践体会,洋思中学提出:一切教育都要从学生的实践出发,从学生在实践中暴露的问题出发,从而去发现、分析、解决真实的问题,让学生形成真实的能力。只有这样的教学,才是真正的教学,这样的教学才能真正给学生积极的影响与帮助。

通过反复思考与实践,洋思中学提出了课堂教学要坚持"以学促教,以教导学"的教学原则。这一原则的内涵是课堂上教师的教要根据学生的学而定，要以学生的学和做为基础；教师应先让学生去实践，只有在学生实践的基础上，教师才能进行教，学生的学才能更有利于教师的教；课堂上教师要对学生所学中出现的问题进行灵活的"导教"。这一教学原则使课堂教学更具有针对性和实效性。这一教学原则以学生的实践为基础，将学生的学与教师的教，以及师生的"做"融合在一起，打破了教师"一统天下"、"唯我独尊"的垄断、独裁地位，使教与学合二为一，既促进了教，更促进了学。这不正充分体现了陶行知的"教学做合一"的教学原则吗？这也正是洋思中学课堂高效的根本原因。

4．教育方法

(1)"六大解放"与"一堂课教师只讲四分钟"

陶行知先生依据实践与认识的规律，提出教育儿童应该做到"六大解放"："一是解放学生的头脑，就是要鼓励学生敢想、善想，敢于动脑，善于动脑；二是解放学生的双手，就是要鼓励学生敢干、善干，敢于动手，善于动手；三是解放学生的眼睛，就是要鼓励学生敢于观察、善于观察，胸怀祖国，放眼世界；四是解放学生的嘴巴，就是要鼓励学生敢说、善说，敢于提问，善于提问；五是解放学生的空间，就是要扩大学生的活动领域，不要把他们局限在狭小的课堂里，也不局限在学校中；六是解放学生的时间，就是要保证学生有时间去独立学习、活动和创造，不要把课程排得满满的，也不要让课外作业多得做不完。"六大解放的要义是教师要让学生做课堂学习的主人，在教学中全程放手，全面放手，让学生全过程自我实践，自我提高，自我认识。只有这样，学生才能真正得以提升与发展。

通过长期的实践，洋思中学提出了"一堂课教师只讲四分钟"的教学要求，这实际上与陶行知先生所倡导的"六大解放"的教育方法是一致的。只讲四分钟，并非真的只讲四分钟，实际上是让教师在课堂上少讲、精讲、不讲——要讲就讲在精要处，要讲就讲在关键处，要讲就讲在特别处，整堂课教师都围绕学生的问题转，只讲学生不会的，所以，教师几乎成了"哑巴"。这正是洋思中学课堂教学的精髓之所在。

怎样才能做到"一堂课教师只讲四分钟"呢？这就需要教师对学生"全程解放"——只有通过陶行知先生的"六大解放"才能实现这个目标。这实际上就是要让学生真正做课堂学习的主人，做实践的主人——说主人话，办主人事，尽主人职，这就逼着教师不能再做传道者、授业者解惑者，而应做好引导者、发现者、提升者、服务者。只有这样，教师与学生双方的职责才能明确、到位。

新课程理念提出：教师之教不在教书，而在教学生学，教学生学会与会学。这与陶行知提出的"先生的责任不在教，而在教学，而在教学生学"的要义是一致的。洋思中学提出"一堂课教师只讲四分钟"，其实质就是教师要彻底改变学生被动学习的局面，真正确立学生在学习过程中的主体地位，全程解放学生，激发他们对自己的未知领域进行探索，促使学生生成和构建自己的真知，渐渐形成自己的创新能力，在"做"中成长为素质高、能力强的人才。

由以上分析可知，洋思中学的教育方法与陶行知先生的教育方法是一致的。洋思中学没有片面地理解"放"的内涵，而是着眼于学生能力与素质的真正提高，坚持全程放手、全面放手、全心放手，在放中让学生实践，在放中欣赏学生、信任学生、提升学生。放，是为提升学生而精心设计的一个重要策略，绝不是形式上的放、无用的放，而是从学生的实际出发、从教学目标的要求出发、从发展学生未来的角度出发的放；放，要做到有方法，讲策略，要切实做到放手而不放任，自主而不自流，互动而不浮动。只有这样，才能实现真正意义上的放，放的最终目标才能达到。教师要为学生学习创造一个良好的氛围，给学生留有讨论的空间和思考的时间，不要去控制学生的思维，要让他们各抒己见。教师要鼓励学生敢想、敢说、敢问，允许学生出错，让出错成为学生的权利，从而使课堂错误成为课堂学习的重要资源。只有真正的"放"才有此功效，这与新课程的理念是完全一致的。

（2）"小先生制"与"兵教兵"

陶行知先生在诸多教育理论中多次提出要提倡"小先生制"的教学方法。"小先生制"就是利用上学的儿童、小学生来教不会的儿童。陶行知提出的"小先生制"的教育思想，是对学生的高度信任与充分期待，是发展学生的能力与思维，提高学生的全面素质的有效举措。这是一种真正以人为本的教学方法，它承认学生之间有差距，这是其现实性的最充分的体现，它也承认学生有能力、有办法，认为学生的潜能是巨大的。所以，在教学中，教师没有搞一言堂，而是千方百计地让学生去思考问题、研究问题，从而达到"众人拾柴火焰高"的效果。

洋思中学在充分理解"小先生制"的教学方法的基础上，积极运用"小先生制"的教学方法进行辅助教育，并在此实践中提出并实践了"生教生"、"兵教兵"的教学策略。"生教生"、"兵教兵"意即相信生能教生，生能帮生，每一位学生都能学、能教，每一位学生都能做学习的先行者。如果真的做到了"生教生"，不需要老师去教，学生之间相互帮助就解决了问题，这不就很好地培养了学生的能力，促进了学生的发展吗？

陶行知先生虽然提出了"小先生制"的教学方法，但却没有可实施的模式。洋思中学大胆实践，积极创新，找出了很多有效的途径，如展示式兵教兵（一人在台上展示，其他人给以帮助）、互补式兵教兵（小组成员各自抛出见解，互相研讨相关问题，共同补充、提高）、质疑式兵教兵（学生将学习中存在的问题面向小组或全体提出，请大家帮助解决）、启发式兵教兵（教师在全体学生都不能深入理解问题的时候，不进行答疑，而是有意识、有目的、有方向地逼着学生思考问题，探究问题，研讨问题，在学生付出最大努力后，确实不能回答时，即在学生"愤"与"悱"之时给以启发、引导）等，这样，不仅使"兵教兵"有理念的支撑，更有可行的实践操作。

有人问，在学生"兵教兵"时，教师做什么？"洋思人"认为，教师在课堂上的作用有三个方面：观察与思考——观察学生的学习情况，思考如何面对学生实际,有效地解决学生的问题;发现与引导——发现学生"兵教兵"过程中出现的问题,包括共性与个性的问题,逼着学生去思考问题,最终通过引导使学生更全面地解决问题;关注与监考——在"兵教兵"中,教师既关注尖子生,又关注后进生,既关注有问题的学生,又关注学生的问题,从而使课堂教学具有针对性、有效性。为此,教师要严格管理课堂,不能放任课堂,做到全过程让学生"考试",教师做好"监考"工作,这样才能让学生全过程像考试一样紧张地学习,学生学习才能有效、高效。所以,在这样的课堂上,教师不是没事可做,而是有很多事要做。为了把事情做好,教师还必须练就过硬的本领——业务能力要强,教学本领要高,自身素质要一流。只有做到技高一等,才能促进学生又好又快的进步与发展,同时也促进教师自身的提升与发展,这即是"教学相长"。所以,"兵教兵"的课堂不仅对学生的发展大有裨益,同样对教师的全面提升也具有非常重要的作用,这样的课堂是师生双赢的课堂。

不论是"小先生制"还是"兵教兵",其内涵都是现在新课改背景下所提倡的合作学习,即在平等学习和共同研究条件下,充分发挥每一位成员的积极作用,激发学生互助互学的积极性,做到"人人是先生,人人是学生",彼此帮助,共同提高,这样,学生在自由而宽松的环境中,就能得到最快的发展与提高。低耗高效是各项改革的最终目标,不论是"小先生制"还是"兵教兵",都在这一目标的实现上做了最为有效的尝试。

(3)"人力胜天工,只有每事问"与"问一问,探一探"

陶行知先生曾多次强调:"小孩得到言论自由,特别是问的自由,才能充分发挥他们的创造力。"又说:"发明千千万,起点是一问。禽兽不如人,过在不会问。智者问得巧,愚者问得笨。人力胜天工,只在每事问。"他还说:"创造始于问题,有了问题才会思考,有了思考,才有解决问题的方法,才有找到独立思路的可能。"这些议论无不体现了作为教育家的陶行知先生对"问题"与"探究"的高度重视,这是学生真正发展和提高的必由之路。

洋思中学充分理解陶行知的教育思想，要求教师在教学的过程中千忙万忙也要让学生去提问、去怀疑、去探究、去思考；要求教师务必用好手中的权利，不要弄权、耍权、霸权，务必在每一堂课上都要相信学生、依靠学生、期待学生，充分给学生问的权利、探的权利，力争做到凡事都要让学生自己去"问一问"与"探一探"——问，不论深浅与难易，探，不管是与不是、准与不准、行与不行，只要学生有此行为，就是在发展学生的思维，提高其学习的能力。

新课改中有一个重要的思想，就是教师在施教过程中，一定要让学生去探究问题，让学生形成探究学习的能力。陶行知的教育理论无疑体现了这一思想，洋思中学在八十年代就提出的"问一问"与"探一探"的课堂教学思想也充分体现了这一思想。洋思中学的教学实践充分证明：长此下去，学生提出的问题必然多，提问能力就会特别强，学生各方面素质就都得到了前所未有的发展。"提出一个问题比解决一个问题来得更为重要"，这一名言在洋思中学的课堂上得到了充分的体现。课堂上，学生通过长期的训练，提问能力很强，不仅自己能提出问题，而且不等、不靠、不要，都在想办法去分析、去探究，都在千方百计地通过自己的力量给以解决，而如果自己解决不了，就通过与他人探究、研讨给以解决，这样，学生解决问题的能力又得到了进一步的提升。洋思中学的"先学后教，当堂训练"教学模式中有一个重要环节——当堂训练，它关乎能否真正实现课堂高效。不能把"当堂训练"仅仅理解为做题、考试，实际上它是一个统领性的概念，包括反思训练、质疑训练、探究训练、总结训练、知识训练等多种形式，它因内容、学科、课型的不同而呈现出不同格局。洋思中学要求每一节课必须具备质疑训练和探究训练两个环节。在"后教"的基础上，教师一定要给学生充分的时间，让学生依据自己的理解与体会提出自己不能理解的其他问题，然后再进行个体分析，小组研究。洋思中学把学生在课堂上"自问自探"的表现作为评价一堂课好坏的重要标准，这是从科学发展观的角度来看学生的未来的，因为问与探的能力是衡量学生可持续发展的重要标尺。

陶行知，无愧于中国现代教育的一代宗师的称号，为中国教育作出了巨大而不可磨灭的贡献，他所提出并付诸实践的许多先进的教育理念至今仍然成为广大教育工作者的思想与行动的纲领与指导。

"先学后教，当堂训练"课堂教学模式是陶行知教育思想引领与指导的结果，是对陶行知教育思想的实践与创新，是对陶行知教育思想的最为精彩的演绎。

三、"先学后教，当堂训练"是对新课改思想的成功实践

自2001年全面推进新课改以来，我们提出了很多课改思想，其中有三点是极为重要的：

第一，为每一位学生的终身发展奠基；第二，要切实改变教与学的方式，积极倡导自主学习、合作学习、探究学习的方式；第三，课堂要紧紧围绕"知识与能力、过程与方法、情感态度与价值观"三维目标展开。

"先学后教，当堂训练"课堂教学模式充分体现了新课改思想。

1. "先学后教，当堂训练"的出发点就是为了每一位学生的真正提升与发展

在"先学"中，所有学生都在有意识地学习，都在自我挖掘潜力，自我培养学习能力，自我完成学习任务。在"后教"中，学生因问题而相互请教，相互帮助，相互解疑，这是合作学习，这是走向"小社会"。在"当堂训练"中，学生对自己的行为和结果进行反思，从而为自己进一步的成长发展奠定基础。从以上分析可知，"先学后教，当堂训练"课堂教学模式无不着眼于学生的素质，无不体现了人的发展的要求，长此训练，学生的觉醒意识就能增强，自我发展水平就能提升，应对社会的能力就能提高，这就真正做到了为每一位学生的终身发展奠定基础。

2. "先学后教,当堂训练"将教师的教和学生的学最小化

"先学"是学生在教师的指导下进行的有效的自学,这是自主学习;"后教"是学生就"先学"中出现的规律性的问题进行的相互学习、互动学习,这是合作学习;"当堂训练"是自我反思与反馈,这是自我总结,自我提升,有时还有同学间的相互质疑与解疑,这是探究学习。从上分析可见,"先学后教,当堂训练"课堂教学模式全过程以学生的学为主,通过学生的自主学习、合作学习、探究学习,发现学生学习过程中存在的问题,从而科学地确定教什么和怎么教,这就是"以学定教",这就使教师的教最大限度地紧扣学生的学,使教更富有针对性、实效性。

3. "先学后教,当堂训练"要求课堂教学必须有明确的学习目标

学习目标是从学生角度提出的努力方向,必须切实体现知识与能力、过程和方法、情感态度与价值观三个方面。尤其是知识在知、懂、会、能四个方面,能力在认识、思维、操作、运用四个方面都有不同层次的要求。过程体现在学习之中,学——教——练就是科学的学习过程,当然也会因学科、课型等的不同而发生变化。方法贯穿于学习之中,有自我得出的方法、书本提供的方法、通过相互研究获得的方法、教师渗透的方法等,需要在学生的学习积累中不断总结,不断运用,不断深化。情感态度与价值观不仅表现为书本中要求的个性内容,而且表现为学生成长发展中的共性内容,"先学后教,当堂训练"课堂教学模式不强调情感态度与价值观的学习目标的外在显示,即不一定将其通过屏幕或教师口语形式显示,因为此目标不是一节课就能达到的,而要通过长期教育、训练、渗透才能达到。因此,此目标主要通过课内规则、教师示范、学生彼此关注来实现。所以,"先学后教,当堂训练"课堂教学模式不仅要求外在形式的体现,更需要实质的体现,强调教师对学生的示范作用,要求教师真正做到"学高为师,身正为范",强调教师日常教学的连续性、渗透性,在平时就积累其正确的情感、态度,形成正确的价值观。

"先学后教，当堂训练"的实质就是全过程都让学生学，让学生读，让学生思，让学生去实践，让学生自己去发现问题，研究问题，解决问题。

"先学后教，当堂训练"课堂教学模式的意义

"先学后教，当堂训练"的实质就是全过程都让学生学，让学生读，让学生思，让学生去实践，让学生自己去发现问题，研究问题，解决问题。在这种教学模式中，一切以学生为中心，根据学生的学习情况制定、调整教学策略；每一步都让学生去学，去探，去实践，去体验，以充分体现教学的开放性、过程性、实践性、自主性、任务驱动性的特点，使学生学习变被动为主动、变接受为探究，从而不断丰富知识，增强能力，提高素质。这种教学模式的意义和作用主要表现在以下八个方面：

第一，能大大地提高教学质量。

这种模式特别重视学生的自主学习，自主实践，而且这种学习与实践都是与学习的时限紧密相连的。学生自学几分钟就开始做题，遇到不会的再回头看例题或相互讨论，这样，学生基本就会做题了。这个过程是一个不断反馈、深化的过程，而不是学生看一遍就全部会了的，这样，学生自学的积极性就更大，效率就更高。因为教师规定学生自学几分钟就要做题，所以学生就有一种紧迫感——不认真学就不会做题，就会落后于人，这就培养了学生的竞争意识。这种教学模式下的学生学习比被动地听老师讲课积极得多，学习效率自然比过去大大提高，学习质量自然是一流的了。

第二，有利于推进创新教育，培养学生的创新精神。

创新教育与创新精神不是喊口号喊出来的，而是在实践中不断锻炼才能形成的。"先学后教，当堂训练"课堂教学模式，每一步都在培养学生的创新精神：

（1）揭示目标。这给了学生一个研究的课题，成为学生创新精神的源动力，是学生一节课孜孜以求的学习目标。

（2）"先学"。先让学生看书，或做实验，或自我练习，或听他人表述……"先学"，把学生的内驱力调动起来，变"要我学"为"我要学"，从而创造性地学，看时、做时、思考时都要联系过去所学知识，使新旧知识有机联系，这是第一次创新。接着，学生又运用刚学到的知识去解决新问题，这是第二次创新。

（3）"后教"。通过学生与学生的讨论、彼此之间的更正、相互之间的启发，解决所遇到的问题，从而取长补短，加深对所学知识的理解、深化，这是第三次创新。

（4）"当堂训练"。通过"当堂训练"，本节课所学的知识得到了及时的巩固，思维得到进一步的拓展，课内、课外知识得以较好的联系，从而进一步提高了解决问题的能力，这是第四次创新。

创新并不一定是取得重大的发明，对学生而言，应该是点滴的新的发现、新的认识，哪怕是重复前人的，只要是自己独立地在实践中获得的，这种创新就会持久，也才会有效。这种教学模式特别强调全过程都让学生自己学，全过程都让学生自己去提出问题，分析问题，最终解决问题。无疑，这个学习过程是创新的过程，学生的创新精神就会在这个过程中得到培养。

第三，有利于培养学生的学习能力，全面提高学生的素质。

运用这种教学模式，培养了学生的诸多品质，如自信心（学生在同一起跑线上对同一课题进行探究，彼此在各个方面都是平等的，学生会发自内心地自我认识到"他能行，我也能行"，这样学生就会全身心地投入到学习中）、自主意识（学生自始至终都自主研究课题，自己去想办法找问题、想问题、寻规律、探方法）、自学习惯（为了尽快解决问题，超越他人，学生会想尽一切办法，采取一切手段，自觉地做好各种准备，认真地克服学习中存在的毛病，形成好的学习习惯，以不断提高学习质量）、快节奏地完成学习任务（这种模式各环节之间的时间性强，促使学生在规定时间内就要把任务完成好，其潜能得以充分挖掘，从而达到学习的高效低耗）等。

将军是在战场上打出来的，高手是在竞争中锻炼出来的。这种教学模式把学生放到了战场上，放在竞争中，强调从上课到下课都必须让学生自己去研究课题，让学生去打仗，去竞争，去完成任务，也就是全过程让学生与目标、任务、问题摔打。这样，学生的意志就得到了磨炼，学习能力就得到了培养，素质也就得到不断提高。

第四，有利于培尖补差，因材施教。

培尖补差的主阵地在哪儿？毫无疑问，在课堂。课后的加班加点，对于培尖补差只能是杯水车薪。这种教学模式适用于任何一个学生的水平参差不齐的班级，便于全过程培尖补差，因材施教。在"先学"中，教师让学生自主学习，这样，优等生能够学得深入，差生能够有所提高；在"后教"中，优等生帮助差生，优等生的思维得到了拓展，认识得到了提高，而差生在优等生的提示之下，也加深了自己的理解；在"当堂训练"中，作业分为必做题和选做题，优等生可两种题都做，而一般学生可只做必做题，这样，优等生能够吃饱，差生能够吃好，优等生和差生都能得到层次不同的发展。事实上，运用这种教学模式，提倡并允许少数优等生在已经学会本节课教学内容的前提下自主地学习其他内容，无疑，这使优等生有了更广阔的自主发展的空间，对其发展有着重大作用。

在这种教学模式中，教师在课堂上讲得少了，可以抽出更多的时间来个别辅导后进生；学生相互讨论的过程，就是优等生帮助后进生的过程，实际上运用了陶行知先生的"小先生制"的教学方法；后进生在自学过程中，也有一种紧迫感——"别人在有限的时间内看完了例题，能做练习题，自己不会做会很丢面子"，这就增强了他们的竞争意识，这种做法培养了后进生的自学能力，一旦自学能力形成了，他们就会进步得很快，就会在较短时间内赶上班内的中等学生。如此，各种不同类型的学生就会得到不同程度的提高与发展。

第五，符合自主学习、合作学习、互动学习、探究学习的理论。

这种教学模式的各个环节无不体现着新课改的理念：明确课题——自看课文（自做实验，自听录音，自探问题）——自做练习———自由发表意见，这是自主学习；"兵教兵"——生与生之间相互讨论、更正，优等生给差生讲解，学生都不会的由老师引导、帮助解决，这是合作学习；通过自主学习暴露了学习过程中出现的问题，这又给了学生一个课题，既可以促进优等生发展，使优等生更加深入、全面地思考问题，解决问题，又可以促进后进生发展，使他们必须认真地钻研教材，找到解决问题的方法，同时学习他人先进的学习方法和经验，不断改进自己的学习方法，这是互动学习。在三种学习中，学生无不在进行探究学习，加深对问题的认识与理解。

第六，较好地处理了教师主导与学生主体的关系。

这种教学模式要求教师做司令员，做组织者，做会议主持人，做激发者。在课堂上，教师的任务只有一个，那就是引导学生思考、实践、探究、评判。一句话，老师退居二线，当学生学习的顾问。真正冲在第一线的是学生，学生是"打仗"的战士，一切必须由他们去实地练习，由他们去消灭学习中的"敌人"，通过历练、实践、奋斗，获得学习成功的体验。这样，学生的主体地位就得到了充分的保证。

第七，真正减轻了学生过重的学业负担。

这种教学模式的目标与内容不求多，只求精，求准，求实，一切因文而异，因生而异，化整为零，又使零不断聚发成整，从而有计划、有目标地完成教学任务。课堂探究题和当堂训练题往往以课后习题为主，且限定在课堂时间内完成，这样，既提高了学习效率，又有效地解决了课后习题。另外，每堂课的作业练习都以考试的形式进行，这样有利于学生处于紧张的学习状态，也培养了学生的考试能力。学生在课堂上紧张地学习，课后没有作业，可以更好地发展自己的特长，培养各方面的素质。

第八，切实减轻了老师的劳动强度。

这种教学模式强调教师在课堂上必须少讲、精讲，学生会的坚决不讲。教师全过程把学习自主权交给学生，让他们真正成为学习的主人，自己去"打仗"，教师只组织、观察、引导学生学习，决不能满堂灌、满堂问，这样，教师在课堂上的劳动强度就减轻了。

第五讲 角色归位：高效课堂的前提

上一讲，我们重点对"先学后教，当堂训练"课堂教学模式作了剖析。通过剖析，我们认识到"先学后教，当堂训练"课堂教学模式确实是一种能促进学生发展、教师发展的和谐高效的教学模式。那么，教师在课堂上怎样做才能把"先学后教，当堂训练"的教学模式落到实处呢？通过实践，我们认为，教师必须正确认识到自己在课堂上应发挥什么样的作用、扮演什么样的角色，必须做到不越位、不抢位，教师和学生各司其职，各迈其步。

那么教师在课堂上应该扮演什么样的角色呢？我们认为，应该主要扮演好三种角色。

> 我们到课堂上是来做什么的？是来打仗的，是来打胜仗、打硬仗的。作为教师，在课堂教学中我们必须像毛泽东一样，做组织者、指挥者、策划者、责任人，而不必亲自冲锋在前。

"毛泽东"

一、何谓"毛泽东"

毛泽东是中国现代革命的最著名的指挥家。毛泽东在决定中国命运的"三大战役"中做了什么？你看到他拿着枪、开着炮冲锋在前了吗？没有。在所有的电影、电视剧中，毛泽东都没有冲在第一线。那谁冲在第一线呢？战士。正因为他们冲锋在前，不怕牺牲，积极主动，全身心投入，才有了最后的胜利。但光有战士打仗还不能取胜，还必须有科学的指挥、科学的策略，还必须有"毛泽东"。那么，打仗时毛泽东在哪里，在做什么？在指挥所里，在决策，在指挥，从大处决策，从大处指挥，运筹帷幄，因为整个战役的成败皆在此举。

我讲这些的目的是什么？是为了说明我们的课堂就是毛泽东的战场。我们到课堂上是来做什么的？是来打仗的，是来打胜仗，打硬仗的。

作为教师，在课堂教学中我们必须像毛泽东一样，做组织者、指挥者、策划者、责任人，而不必亲自冲锋在前。那么，谁是打仗的战士？我们的学生。他们应该全程参与打仗，与敌人进行面对面的斗争，与敌人进行最有效的肉搏战。我们要把每一位学生培养成即将出征的战士，让学生瞪起眼睛来全力以赴去打仗。那么，敌人是谁呢？是学习中的问题，是要完成的任务。

大家都知道《失街亭》的故事吧！街亭失守，是谁的责任？不是士兵的责任，而是马谡的责任。是马谡指挥不当，将军队囤在山上，给敌人创造了可乘之机，而绝不是士兵们不勇敢。所以，教师必须切实当好课堂教学指挥员的角色。

二、教师怎样才能当好指挥员角色

在课堂教学实施的过程中，课前教师要切实把握好本节课的学习目标、拟定好自学指导题、设计好解决问题的策略和当堂训练题；课上教师要充分有效地组织，充分放手，让学生真正地去与问题作斗争。

1. 课时划分。根据经验、实际、实效、内容确定究竟用几节课完成为好。

2. 学习目标。学习目标是学习中的主攻方向，其作用是明确学生学什么。学习目标既不能拔高，也不能降低。做正确的事要比正确地做事更重要，有了做正确的事，才能谈到正确地做事。做正确的事是科学地决策、准确地分析。学习目标即做正确的事是大前提，大前提成立了，才能一顺百顺。制定学习目标要着眼于学生的发展、着力于学生的基础。

制定学习目标具体要做到三个准确：

（1）定位准确。要定位在教材要求上、编者意图上、学生学情上、新课标要求上。教师什么权都能放，唯有制定目标权不能放，尤其是对初中生、小学生不能放，因为他们还没有制定目标的能力和基础，对他们放权也是浪费时间。

（2）用语准确。根据新课改标准的要求，用知道、了解、能操作、理解、背熟等可操作性的词语表述，少用假、大、空的词语表述，从而使学习目标的达成具有可测性。

（3）数量准确。目标过多或过少皆不适宜。要从课堂实际出发，做到少而精，不能多而杂，否则，会造成目标的达成只是虚晃一枪，只抓住了边缘，而没有抓住根本；目标数量不能太多，只需两个或三个即可，但定了就必须达到。

学习目标的表述方法有两种：

（1）条文式。用1、2、3等数字直接提出学习目标。

（2）叙述式。用叙述的形式，如"通过……能够……"，从知识与能力、过程与方法、情感态度与价值观三个维度确定每节课中学生通过努力必须达到的目标。

3. 自学指导。自学指导是打仗过程中的锦囊妙计。刘备东吴招亲成功是谁的功劳？有人说，当然是刘备的功劳。我认为，那是诸葛亮的功劳。如果不是诸葛亮给了刘备三条锦囊妙计，刘备会成功吗？刘备只不过是一个依诸葛亮的妙计行事的演员而已，真正的幕后英雄是诸葛亮。再如，"失街亭"是谁的责任？当然是马谡的责任——方案不当，但更是诸葛亮的责任——用人不当是主要问题。课堂教学中的自学指导就如打仗中的锦囊妙计，好的自学指导关乎大局，必须加以重视。自学指导是思想的指导，更是方法的指导。试想，如果把学生引到泉水边，还怕学生没有水喝吗？自学指导的作用是指导学生如何学，它关系到课堂教学的成败，这实际上是教给了学生生存的能力。

自学指导要切实做到七个明确：

（1）目的明确。自学指导的目的是有效达成目标。

（2）自学范围明确。向学生指明学哪一章、哪一节、哪一课、哪些页。

（3）自学内容明确。具体自学哪一部分，要依据学习目标而定，怎样有效就怎样学，如自学"通分"，内容就是"看去分母的一步"。

（4）自学的方法。向学生指明通过怎样的途径达成目标，如边操作边看书、边读书边思考等。

（5）探究的问题要明确。首先要以书本问题作为自己的问题，这有利于减轻学习的负担,"课后问题是培养学生能力的载体"。一般而言,探究的问题是一次性给予的,以怎样能最大限度地让学生紧张学习为标准。

(6)时间要明确。事先要有预见性,自学就是考试,应该给学生紧张感,培养学生快节奏地完成任务的本能,要给定时间,限定时间。

(7)检测方法要明确。检测学生是否达到学习目标的方法要明确,如让学生做实验、在黑板上板演等。

自学指导的呈现方式有多种:一般式为"自学指导",变换式为想一想、说一说、读一读、议一议、做一做等方式。

自学指导以学生的自学为主线,按照学生学习的全过程来设计,体现了学生学习的发展与联系,同时这又是教师必须教的内容。由于有了自学指导,就实现了教与学的完全统一,找到了教与学的最佳结合点,教的内容与学的内容就不是两张皮,而是你中有我,我中有你。学生会了,教师就少教或不教,学生不会,教师就多教,这就是因材施教。这就真正实现了陶行知先生所说的"教的法子要根据学的法子"。

4. 引导策略。教师与学生共同研究学生在自主学习中可能出现的问题的解决策略,突出研究用什么方法使学生会、使学生能、使学生变,中间需要有什么"辅助",需要提供哪些条件,怎样使学生听懂。

5. 当堂训练题和课后作业的设计。当堂训练题的设计是指通过哪些训练来检测课堂上学生通过自主学习与合作学习是否已经掌握相关知识,达成学习目标,如何分层提升学生,如何设计三类题——必做题、选做题、思考题。课后作业的设计是指为了使学生以本为本,从课本走出,走向课外,教师进一步拓展相关类型的题目,从而使学生的认识深化,思维深刻。在设计这些题目时,我们必须遵循一个基本原则,那就是一定要做到作业校本化、班本化;一定不要照搬现有的练习,而要由教师根据班级情况有选择地选用或自编题目;一定要有量的限定和时间的限定,最终达到教师跳进题海找题,学生跳出题海做题,减少作业的无效劳动,增加作业的有效训练。

"当堂训练题"是检测题，要做到五个保证，从而达到"精选精编"的目标：

（1）保证能够真正检测出目标是否达成。

（2）保证试题来源正宗，也就是以书上习题为主，辅以其他内容。

（3）保证时间，即用多长时间才能较好地完成训练任务。

（4）保证类型多样，即要包括必做题、选做题和思考题三类题型。

（5）保证检测效果，即考试时，教师不能干这干那，要全身心投入，不批改，不暗示，不辅导等，树立"课内做一道题也要比课外做千道题强"的观念。

"当堂训练"的形式包括整体练、局部练，包括学中练、教中练、练中练，还包括个体练和集体练等。

要正确理解"当堂训练"的层次性：文科如语文、政治、历史等科目的训练是求深浅的训练，本身就是对各类学生的训练，题目本身就有了层次性，特别是作文更是如此，"好同学"就掌握得深刻，"差同学"就掌握得肤浅，可以不必分三类题；理科如数学、物理、化学等科目的训练是求对错的训练，知识本身就有深与浅之别，因此，可以分为三类题，从而满足不同学生发展的需求。

6. 上课流程。研究上课的程序。洋思中学上课的流程是"先学"——"后教"——"当堂训练"，但这只是一个通式，并非是为每一节课量身定做的模式。所以，教师还必须根据实际教学研究确定有哪些变式，需要增加或减少哪些环节，不能因为有了模式，就使课堂教学模式化。这样，就可以使课堂教学更能从实际出发，从而提高课堂教学的针对性与有效性。

我们的课堂就是学生的演场，教师只有做导演，才能保证学生全过程"表演"和"表现"；教师只有做导演，为学生的学习而导，为学生的发展而导，才能真正将课堂变成学生的舞台。

"张艺谋"

一、何谓"张艺谋"

2008年是令所有中国人难忘的一年，这一年在北京举办了举世瞩目的奥运会。大家一定还记得开幕式，用国际奥委会主席罗格的话说，无与伦比，无可比拟。奥运会开幕式为什么能取得如此巨大的成功？是全体工作人员精心努力的结果。其中最核心的人物是谁？假如不成功，又该追究谁的责任？自然是导演组。导演组的核心人物是谁？张艺谋。张艺谋是整个开幕式的总导演。在整个开幕式上，你看到张艺谋飞来飞去、奔来奔去、演来演去了吗？没有，这是演员们的事。那么，导演张艺谋们在做什么呢？他们在看，在想，在指导演员们去正确地表演，从而努力使表演效果达到最佳。张艺谋充分认识和理解了导演的角色，正确扮演了导演的角色。那么，课堂上的导演究竟是怎样的角色呢？

教师在课堂上的导演角色，是指课堂上教师在学生自学与互教之时，不作任何提示，全面放手，让学生独立与合作去解决问题，而对于学生通过合作的方式还不能解决的问题，在学生达到了"愤"与"悱"的地步之时，教师才出场，像琵琶女一样"千呼万唤始出来"，帮助学生解决问题，这才能体现教师的地位。学生能解决的问题，教师没必要帮助学生解决，教师帮助学生解决的一定是全班同学共同的、普遍的、不能深入的问题，这样，教学才有价值。教师导什么呢？导规律、方法、知识、能力、情感、注意点、答案。"授之以鱼，不如授之以渔"。要做好导的工作，教师就要进行精彩的点评。我认为，课堂就是表演场，教师只是导演，应该全过程让学生演戏，而不应该代替学生演戏，剥夺学生的表演权。只有在学生演错了的时候，教师才从后台走上前台，但此时教师的工作不是满堂教，不是告知，而是引导、帮助、服务。教师是导演，实际上这就变传统的、僵化的、静态的"满堂灌"、"填鸭式"教学为动态的、灵活的、发展的自主探究式教学。教师的备课不再是一次成型的备课，而是及时发现问题、迅速解决问题、从实际出发的二次备课、三次备课；这就要求教师要有教学机智、教学方法，这样才能真正体现自己的水平与能力，这也正是教师的价值所在。主导并非主宰，这实际上明确了教师的作用是导，而不是传统的传道、授业、解惑，也不是包办代替。教师不是主角，学生才是主角、主演者，这就培养了学生的"自能"本领、"自主"意识、"自强"心理。教师做导演，就是指"传授学习方法比传授课本知识更为重要"。

所以，"后教"不是系统的讲授，而是依据教情、学情、生情进行最有效的引导、点拨，即教师根据学生的自学情况对学生进行点拨，或规范其不准确的表述，或解答其疑惑的问题，或纠正其错误的理解。由于学生通过自学已掌握了书上的知识，所以教师"后教"的东西就很少，课堂上就能够省出很多时间来让学生进行"当堂训练"。

"先学后教，当堂训练"课堂教学模式就是在写小说，"先学"是开端，"后教"是发展，"精彩的点评"是高潮，"当堂训练"是尾声与结局。教师的导，解决了"兵教兵"中学生不能解决、不能深究的问题，有利于学生的学业成绩的提高与发展。有一句话说得好：高明的教师引导学生学，笨拙的教师牵着学生学，无能的教师代替学生学。我也有一句话：教学目标的达成要分解，各有侧重，各有分工，基础性的问题通过学生自学解决，中档次的问题通过集体研讨解决，最复杂的问题通过老师的有效引导解决。

在"后教"这个环节，老师要注意教的内容不是教材，而是学生不会的问题；教的方式是会的学生教不会的学生，要尽可能让多数同学发言；教的要求是不能就题讲题，要由个别到一般，引导学生找到规律，知其所以然；教的顺序不是一个一个地更正、讨论，而是一类一类地给以归纳。教师还要指导学生运用，讲清运用时应注意什么，让学生能举一反三。在"后教"中，教师还要转变思想，不要变成另一种意义上的独裁主义者，而要先引导大家进行研究，集思广益，不要做课堂教学的主宰者和唯一的评判员。教师只是"平等中的首席"。

对于刊登在《中国教育报》上的《一堂课教师只讲四分钟》这篇文章，许多人都不得其解，其实原因很简单，就是因为我们全过程让学生自学了，考试了，所以学生学习的时间就增多了，教师讲的时间就自然少了。"先学"是学生学，"后教"是兵教兵，也是学生学，"当堂训练"还是学生学，所以，不是一堂课只讲四分钟的问题，而是"最好的教法就是不教"，这与叶圣陶先生所说的"教是为了不教"的理念是一致的。教师讲的时间越多，学生学的时间就越少，教师全过程都在导，学生全过程都在学，自然教师讲的时间就少，讲的内容就精。新加坡总理李显龙提出了"少教多学"的教育新概念，"导演"的角色要求教师切实做到"少教多学"。

教师和学生在课堂上应该各司其职，各谋其事。学生在教师的引导下做好想、做、改、研、升的工作，双方都应做到"当说则说，不当说，就不说"，课堂上"有话则长，无话则短"。一切依据实际情况而定。

二、教师在课堂上"导"的内容

通过刚才的讲述，大家已经知道教师在课堂上扮演导演角色的必要性与重要性。那么，课堂上教师应该从哪些方面进行有效的"导"呢？

1. 导学

导学，就是想方设法引导学生学，引导学生学什么，引导学生怎样学，引导学生怎样高效地自己学，包括兴趣的激发，目标的引向，内容的明确，方法的指导等。

2. 导教

导教，就是针对学生个体和群体在自学中出现的问题，采用最恰当的方式引导学生去自我分析、自我探究、合作研讨，等等。解决问题的形式应该不拘一格，"怎样解决得好就怎样解决"，"怎样解决产生的作用深刻持久就怎样解决"。

3. 导练

导练，就是学生在自学和解决问题之后，教师必须及时地引导学生对所学内容进行进一步的训练，以使所学知识得到巩固与拓展，从而由知而能，举一反三，不断提升。

三、教师在课堂上"导"的注意点

第一，教师在课堂教学中要避免给学生心理暗示，包括知识暗示和情感暗示。学生是最容易受暗示影响的，不要说学生，成人又如何呢？如让学生范读《周总理，你在哪里》这篇课文，学生流着泪富有感情地读，这不是学生正确理解了作者的感情后自觉产生的，而是受到教师的感染、暗示所致。学习目标中如果有课堂问题出现，课堂教学中就不应该有问题答案的暗示，如"感受周总理鞠躬尽瘁、死而后已的精神"这样的暗示就不能出现。

第二，教学中不能引导在先、结论在先，致使学生根据"导语"、"结论"去找答案，而应该首先让学生自己在没有任何"拐棍"的情况下寻求答案。这样，学生才能不受束缚，才能得到思维的发展，教师后来的"导"才有意义，才富有实效。

第三，课堂教学中也不能"哪壶开了提哪壶"，而要找共性问题，有利问题，本质问题。也就是说，共性问题才是课堂教学的重点，个别有代表性的问题才可以作为重点来探讨，教师要善于发现共性问题，而不要在某些细枝末节上下工夫。如此，教师的"导"才具有针对性、全面性、实效性。

第四，课堂不能太顺了。太顺，则是课堂失败的表现。教师千万不要堵问题，塞答案，而要导问题，引答案；不要怕问题，而要"我有问题，我高兴"，"我有问题，我面对"，"我有问题，我解决"。

学生有了问题，不是被讲懂的，不是听懂的，看懂的，而是被"导"懂的，是悟懂的。讲、听、看、导，只是手段，而不是目的，目的是悟懂，悟会，更是用，学以致用就是这个道理。

第五，教师是导演，而不是导游。导游通常是像做广告一样先入为主地讲很多，而不是让旅游者自己去寻找从而获得真正的乐趣。教师如果是导游，那就会"教师牵着学生走"。正确的做法是"教师引着学生走"，引中放，引中导，引中逼。

第六，教师既要会做导演，还要学会"踢球"。教师不要自己去"踢球"，而要引导学生去"踢球"。如果学生有了问题，把"球"踢给教师，教师就来"踢球"，那么，这个"球"就永远都由教师来踢了。教师应学会把"球"踢给学生，让学生去踢，让学生摸索着去踢，这样，学生才能有"踢球"的时间、机会，学生在"踢球"中尽管有失败，但经过自己的实践，能力与水平就会有所提高。

教师只有做导演，才能真正将课堂变成学生的舞台，为学生的学习而导，为学生的发展而导。

当"袁伟民"这样的角色，就是教师要学习袁伟民，扮演好教练的角色，把我们的课堂精心打造成学生的赛场，努力做好课堂中的"教练"。

"袁伟民"

一、何谓"袁伟民"

袁伟民是前中国女排主教练。大家都知道上世纪八十年代出现了一种精神，那就是"女排精神"，中国女排在主教练袁伟民的带领下，取得了五连冠的优异成绩。中国女排为什么能取得如此骄人的成绩？原因自然很多，但有一点是必须要强调的，那就是袁伟民很好地担当了主教练的角色，利用一切机会及时将女排队员们带到各类赛场上，让她们积极与各种人进行比赛，让队员们在比赛中锻炼体魄，习得本领，发现问题，解决问题，加强配合，互相激励，改变自我，提升技术。

当"袁伟民"这样的角色，就是教师要学习袁伟民，扮演好教练的角色，把我们的课堂精心打造成学生的赛场，努力做好课堂中的"教练"。

所谓教练，是指教师在课堂上要充分激发学生，让学生以积极的心态、向上的精神去发现问题、分析问题、解决问题，变"要我学"为"我要学"，让学生迅速移情，投入到学习中来，投入到比赛中来，从而形成比、学、赶、帮、超的学习热潮，形成生机勃勃、生龙活虎的学习氛围。我认为，课堂就是赛场，教师是教练，学生是运动员，上课就是教师引导学生积极参与比赛。"先学"中，比谁审题准确，做题认真、积极、迅速、独特；"后教"中，比谁能帮助别人更正，谁分析得有道理，谁能找到方法，形成规律；"当堂训练"中，比谁能够运用知识，比谁做得既快又好。在比赛中，教师要充分尊重学生的权利，保证学生的地位，使学生在"比"中发现自我、展现自我、超越自我，实现自身价值。新课标提出教师要做学生学习的激发者、激励者，实际上就是教师要全过程引导学生去参加比赛。只有活跃的气氛而没有凝神思索和思维交锋的课堂是不健康的课堂。"比"是最好的学习方法。"比"就是毛泽东的"发动"、"鼓动"。教师要用教者自己的激情来感染发动，用比赛的方式来保证发动，用及时褒贬的评价来刺激发动，用规定的任务与时间来落实发动，使学生都在教师的鼓动之下行动起来。"比赛"、"发动"使课堂活跃了，使课堂真正地"动"起来了，学生既心动，更行动。"比"是使学生"动"起来的最好方法，"动"是指学生的思维"动起来"。教学的最终目的是让学生学会与会学，关键就在于让学生"动起来"。"动"包括四个方面：精彩的发动，全程的心动，尽心的行动，成果的激动。发动是基础，"情不通则理不达"，良好的发动是课堂成功的基础，一切教育都应该从激发学生的内在的学习动机入手，所以，课堂上老师的激情很重要，没有激情的教师怎么能培养出有激情的学生？心动和行动，则是变"要我学"为"我要学"的重要保证。激动是结果，是我们的追求。当"袁伟民"这样的角色，要充分地运用好新课改中所倡导的激励性评价。

二、教师怎样才能当好"教练"角色

1. 制定课堂比赛的规则

课堂比赛必须从刚上课就开始，让学生从上课比赛到下课，比赛时间就是45分钟，一分钟也不让学生闲着；所有学生都要参加课堂比赛，一个也不能少，只要在课堂上学习的学生就都是参赛者，千万不能因学生这样或那样的问题而放过任何一个学生；教师也要全过程参与比赛，不能有一丝一毫的疏忽，教师要切实做好比赛的组织者、引导者、发现者，及时提出比赛的要求，出示比赛的内容，用心倾听，积极发现，不能只让学生比，自己则干别的事，似乎比赛与自己无关。

2. 明确课堂比赛的内容

比赛的内容应该紧紧围绕学习目标展开，做到具体化、可测化、对应化，比赛内容与目标不能是两张皮；比赛内容要有一定的挑战性，不能过于简单，不能是简单的重复，不能是只要稍动脑筋就能解答的问题，而应是对学生原知内容的一种提升，体现"循序渐进"的原则，同时还必须切实保证内容的衔接性，前后内容要有一定的关联，不能顾此失彼。

3. 采用课堂比赛的方式

一般采用对抗的方式进行比赛，可以是同桌之间的对抗，可以是学习小组之间的对抗，可以是全班同学之间的对抗。在对抗式比赛中，可以相互补充，彼此提醒，但最终教师要引导全班所有学生总结所学内容的知识点、注意点、发展点、思维点，等等。通过对抗达到挖掘潜力、提升思维、交融认识的目的，最终使学生获得真正的全面发展。

4. 做好课堂比赛的评价

评价者是所有参与者，评价不仅是教师的事，更是学生的事，也就是课堂教学中教师要积极放权给学生，将评价权还给学生，让学生在评价中进一步更正认识，提升思维力，获得更好的发展。当然，教师应是最终的评价者，但教师评价绝不是作简单的判断，而是一种引导——引导正确与否，为什么是这样，怎样可以更好，如何更改才能达到最好，还需要补充哪些、删除哪些，从中得出哪些规律性的知识，在哪些情况下能运用这些所学，等等。一句话，师生共同评价，在评价中共同提升，达到共生双赢，教学相长。

三、角色归位的实施

综上所讲，扮演"毛泽东"、"张艺谋"、"袁伟民"三种角色，实际上是要求教师在课堂上切实做到角色归位，还课堂教学中教师和学生角色的本来面目，切实做好组织者、指挥者、调整者、发现者、引导者、激励者、提升者、互动者等角色，把学习的主动权还给学生，而不做课堂包揽者、一味责难者、全然考试者的角色。在课堂教学中，教师和学生要当好自己真正的角色，真正体现"教师就是教师，学生就是学生"的思想，做到教师和学生各司其职，各求发展。

理解了课堂角色归位的问题，我们就能上好课了。在课堂上，教师一定要时时刻刻想到自己的角色：

因为我是"毛泽东"，所以我要把课堂打造成战场，在课堂上我不能去打仗，我不是打仗的主角，我要把打仗权还给学生，让学生全过程去打仗，我只做组织和指挥工作。

因为我是"张艺谋"，所以我要把课堂打造成演场，在课堂上我不能代替学生去演戏，我要把表演和表现的权利还给学生，让学生全过程表演，我只做发现与引导工作。

因为我是"袁伟民"，所以我要把课堂打造成赛场，我在课堂上只组织比赛，做好引导、评析比赛的工作，激发学生全员比、全程比、全心比、全力比。通过比赛，形成比、学、赶、帮、超的学习氛围；通过比赛，体现水平，发现问题，体现价值；通过比赛，达到水涨船高，"教学相长"。

第六讲 全程备课：高效课堂的关键

学生负担过重已成为不争的事实，全国各地教育行政部门纷纷出台了"减负令"，采取了许多措施来减轻学生过重的负担，收到了一定的效果。同时，深入进行课堂教学改革，通过转变教学方式来实现课堂教学的高效，这对"减负"产生了很大影响。

是的，只有课堂高效才是减轻学生过重的课业负担的关键。而要使课堂高效，就必须使备课高效起来，因为备课是上好课的前提与基础，没有好的备课，就不会有好的课堂，没有高效的备课，就不会有高效的课堂。

备课高效的关键在于教师。如果教师备课的水平与能力得不到提升，备课工作就不能落到实处，备课就成了假大空虚的备课、形式化的备课、应付型的备课、缺少实效的备课。如果用这样的备课来指导我们的教学，学生的素质就永远得不到真正的提升，"减负"就必然是空中楼阁。

长期以来，我们着眼于教师高效备课的研究，通过高效的备课，我们实现了课堂的高效，从而从根本上解决了长期困扰我们的备课难的问题，既发展了学生的能力，切实解决了学生负担过重的问题，又提升了教师的素质，发展了教师的能力。

全程备课包括三个备课过程，即课前预设备课、课堂生成备课、课后辅助备课，每种备课又包括三个基本备课过程，故称为"三三三全程备课"。

"三三三全程备课"的内涵诠释

全程备课包括三个备课过程，即课前预设备课、课堂生成备课、课后辅助备课，每种备课又包括三个基本备课过程，故称为"三三三全程备课"。

具体来讲，就是备课工作不再局限于上课之前的备课，而是拓展、延伸备课的时间与空间、方式与方法。在工作中，我们强烈地意识到，课堂是活生生的课堂，课堂是每一个学生能动的课堂，课堂上的一切随时随地都会发生变化，光有课前备课不足以应对课堂上产生的实际问题，所以，我们提出了课堂备课的思想。教学是连贯性、承接性、紧密性很强的工作，学生在课堂上不可能都能把问题弄懂吃透，这就要求老师必须充分利用课余时间进行必要的辅导，而辅导讲究对症下药，所以，我们必须要在辅导什么内容和用什么方法辅导上下工夫，这就提出了课后备课的问题。而事实上，课后备课不仅在于为辅导而备课，还在于将课堂教学的相关情况进行全面的反思，并及时反馈到课前教案之中，以充实、提升教案，从而为今后教学中避免问题的重现和课堂的高效作铺垫。

课前备课是基础，课堂备课是关键，课后备课是提升。课前、课上、课后，环环相扣，步步为营，层层推进。

全程备课，着眼于学生素质的全面提升，强调备课必须从学生的问题出发，围绕学生的发展转；着手在教师，全面展开，突出了重点，突破了难点，要求老师必须从学生实际和自身实际出发。全程备课遵循了"实践——修正——提升"的成长规律，能不断提升教师的能力与水平。全程备课较好地处理了教师个体与教师群体之间的关系，教师提升与学生发展之间的关系，减负与增效之间的关系，学校检查与教师工作之间的关系，充分体现了"教学相长"的教育思想。

全程备课，化国本化教材为校本化教材，化校本化教材为班本化教材，化班本化教材为生本化教材，使我们的教学更接近学生实际，更能有效地解决学生存在的问题，更具有鲜明的个性化特征，从而将"因材施教"四个字落到实处，演绎到极致，促进所有学生的发展。

一、课前备课

古人讲"预则立，不预则废"。教师要想上好课，必须要有一个好的教案，这就如同打仗，没有有效的作战方案岂能获得最后的胜利？所以，洋思中学高度强调课前备课，使课前备课工作实际而有效。课前备课包括三次备课，我们将之概括为"课前三备"。

1. 自行备（自研备课）

在集体备课之前的一个星期，备课组长布置下周集体备课任务，并让教师先自行备课。学校要求所有老师必须像学生一样去学教材，做练习（即下水作业，作文教学中就是下水作文），在此基础上，对照答案发现自己思维中的问题，解决思维中存在的问题；接着分析学生，研究学情，选择教法，按照教案撰写的要求认真撰写教案，制作课件。

2. 集体备（互研备课）

为确保集体备课不流于形式，洋思中学要求集体备课要做到四个明确：

（1）时间明确，即上课前一天。

（2）地点明确，即每个备课组都必须到学校指定的地点备课。

（3）重点明确，即只研究一个星期前布置的集体备课的内容，一般不涉及其他。

（4）人员明确，即参加备课的人员明确，除了本年级本学科的所有人员必须参加外，还必须至少有一名学校中层正职或校级领导参加集体备课，这样做的目的一是督查，二是起一种引领作用。

洋思中学规定了集体备课的五个程序：

（1）自评、自填自行备课情况，即备课组长下发表格，教师自己评估、自己填写自行备课的情况。

（2）备课组长检查自行备课情况，即备课组长下位检查，一一填写本组教师备课情况，主要对有没有备课、栏目完整与否作好记录。

（3）备课组长引导大家研讨、解决自行备课中出现的问题，即在备课组长的组织带领下，就大家在备课时出现的相关问题进行共同研究。

（4）向年轻教师提问，即备课组长和骨干教师就教材中的问题向年轻教师提问，让年轻教师来回答，从而考查年轻教师有没有真的在研究，这是提升年轻教师的一个重要途径。

（5）共同研究六大问题，达成教学共识，即在备课组长的组织下，大家针对课时划分、学习目标、自学指导、引导策略、作业策略、上课流程六个方面进行共同研究，从而形成本校本年级特有的教学方案。

3. 自改备（自研改备）

根据集体备课的讨论意见，老师在大的方向大体不变的情况下，根据学生的实际学习情况和自身教学情况，修改自己事先的备课，从而使备课既有大家集体备课的智慧，又有自己特有的内涵，达到集体与个体的最大最完美的结合，杜绝教学的一刀切，统一化。

从以上分析可见，"课前三备"中的"自行备"，实际上是以教师自己为主所进行的自主研究、自我探究、自我解决，也就是教师课前备课的"先备"，相当于"先学后教，当堂训练"教学模式中的"先学"；"集体备"，实际上就是以集体为主所进行的相互研究、相互探究、相互解决，最终解决大家所遇到的问题，也就是老师课前备课的"后备"，相当于"先学后教，当堂训练"教学模式中的"后教"；"自改备"，实际上是以教师自己为主的再次研究、再次解决问题，是对"先备"和"后备"质量的一种检测，从而形成班本化的备课方案，也就是老师课前备课的"训练备"，相当于"先学后教，当堂训练"教学模式中的"当堂训练"。所以，从本质上讲，"课前三备"与学生课堂学习策略的内涵是一致的，两者是有机融通、彼此切合的。

"课前三备"是教师学习、提高、发展的三个重要环节，为课堂上教师高效教学奠定了坚实的基础。

二、课堂备课

"课前三备"确实是教学高效必需的途径与策略，但从实际情况分析，我们不难发现，"课前三备"说到底还是"纸上谈兵"，因为它提供的只是一种可能，而不是一种事实，一切只有放到事实中、现实中才能检验其构思的真实性与有效性。所以，"课前三备"只是一种静态备课、预设备课、形式备课、想象备课，不管设计多么完美，想象多么充分，构思多么独特，它与现实的课堂都不是完全一致的，从某种程度上讲，是脱节的。教师如果按照"课前三备"而设计的精美教案一成不变地上课，就会忽视学生的真实存在，漠视学生的真实学情，课堂教学就很可能成为教案的"走场"。

为了提高课堂教学的实效性，教师必须将教案时刻置于课堂教学之中，从课堂教学的实际出发来进一步思考如何有效地调整课堂教学，进行课堂教学的二次备课、三次备课，从而使教师的行为更适合于课堂，适合于学生。这就提出了课堂上进行随机备课、生成备课的问题。

事实上，"变"是新课改背景下课堂的重要特征。新课改要求放权给学生，让学生真正自主学习、合作学习、探究学习，这样一来，课堂"变数"就增多，不可预知的内容就增加。而此时，如果仍一味地依教案上课、照搬教条上课，那就变成了死教学，教死学，就不能真正解决学生的问题，学生就不能得到真正的发展，那就是刻舟求剑，郑人买履，不知变通。只有一切依从实际，采取相应的对策，才能有方向、有目标地解决问题。所以，课堂上教师一定要有新课改要求的"变"的精神，做到求变、会变、善变，在变化、调整中最终实现课堂教学的高效。

课堂备课，其实包括多次备课，但从基本学习策略——"先学"、"后教"、"当堂训练"的视角，我们将之概括为"课堂三备"。

1. 学中备

学中备是老师在学生个体自主学习时进行的备课。这时的老师要走到学生之中，去发现、察觉学生学习过程中的共性与个性的问题，去思考、选择哪些为重点，哪些为生成，哪些必须解，哪些可以放一放，还要因问题而及时生成应急的引导与解决办法，从而为有效的"后教"作准备。

2. 教中备

教中备是老师在学生集体合作、互教互研时进行的备课。这时的老师要充分引导学生来解决学生在自主学习中存在的相关问题，解决学生在相互交流中生成的新问题。面对学生出现的新问题，包括复杂问题与简单问题，老师必须再度深入思考，调整原先的教学方案，生成更为切实有效的新策略、新办法，为最后老师出场进行科学、合理、高效的"后教"，切实解决学生的共性问题作准备。

3. 练中备

练中备是老师在学生训练反馈时进行的备课。在"后教"之后，学生开始进行"当堂训练"，老师依然必须走到学生之中，巡视、发现学生在训练过程中出现的新问题。发现问题后，教师不要急于讲出问题的答案，而要记住、记下问题，生成不同学生的不同问题的解决方法，从而为课后有针对性地进行课外辅导提供第一手资料。

从以上分析可见，"课堂三备"，系动态备课，互动备课，问题备课，生成备课，切实克服了"一案定课堂"的弊端，针对学生的问题和学生的实际，做到了"讲学生不会的，学生会的不讲"，从而提高了课堂教学的有效性，减少了课堂上教师的无效讲课。

为使"课堂三备"富有实效，洋思中学要求教师切实做好课堂资料的收集与应急处理工作，"不带笔、本，不进课堂"，"不做记录不开讲"，所有教师不仅要带教案，也要带笔、本进课堂，在课堂上要努力将学、研、练中发现的问题用最快的速度有重点地记在自带的本子上，当然，不可因做记录而荒废教学，要处理好记与教的关系。这一方面可以使教学富有针对性，另一方面也为课后反思作准备。记的内容可以是学生的问题，共性的、个性的皆可；可以是学生想出的独特的解决问题的方法，而又是老师未能备及的；可以是老师即时想出的解决问题的方法，成功的和失败的皆可；还可以是教师在课堂上所见、所听后产生的灵感，等等。

通过实践，我们认识到，"教案永远落后于课堂，落后于学情"。因此，我们特别强调"课堂三备"的重要性，要求教师处处从课堂实际出发，"以生为本"，实施"生本教学"，让课堂呈现真实，让课堂焕发生命。真实是课堂的生命，课堂教学应真正服从于学情，并真正服务于学生。课堂教学不能再围绕教案转，因为教案是形式的、僵化的、静态的；课堂教学不能再围绕板书转，因为板书是死板的，缺少变化的；课堂教学不能再围绕预设的答案转，因为针对相应的问题而准备的答案缺少实现的现场；课堂教学不能再围绕多媒体课件转，因为多媒体课件准备得再好也不可能与学生的实际情况完全一致，最终可能使老师被多媒体课堂束缚了手脚，反而成了多媒体课件的奴隶；课堂教学不能再围绕举手的学生转，因为举手的学生的问题不一定是全班同学共有的问题；课堂教学不能再围绕设定的时间转，因为如果严格遵守课前设定的时间，就忽略了学生的真实学情；课堂教学不能再围绕教学参考书转，因为如果视教参书为《圣经》，忽略自己的思考和学生的思考，就失去了教育的"求真"；课堂教学不能再围绕课前确定的重点、难点转，因为教学的重点与难点，不是事先确定的，不是教参规定的，而是课堂上由学生决定的，他们不能理解的就是难点，他们需要老师重点讲的就是重点；课堂教学不能再围绕教师的已有经验转，因为经验只能代表过去，过去的情况不可能与现时课堂实际一模一样，只根据自己的教学经验处理课堂教学，而不加以变化，其结果常会适得其反。

课堂教学应随机应变，灵活处理，不应生搬硬套，应该围绕实际情况、现时需要、有问题的学生、学生的问题、学生发展的大局转。一句话，课堂教学应该围绕学和生转，而不应该围绕教和师转，因为在课堂上，学是根本、目的，教只是手段、服务；生是培养的对象，发展的主体，教学目标实现的实体，目标达成的实践者、探究者、追求者，师只是引导者、发现者、组织者，师通过科学而有效的教最终实现生学得有益、有趣、有效、有信心、有决心、有作为。要实现所有这些"变"，就必须进行科学而有效的课堂备课，在学生学中备，在学生教中备，在学生练中备，全过程关注学情，进行有针对性的备课。只有如此，我们的备课才能高效，我们的课堂才能高效。

三、课后备课

应该说，"课前三备"，使教学有充分的依据与准备；"课堂三备"，使教学更有针对性和实效性，基本上达到了课堂教学的高效。但仅此还不足以提升教师和学生，因为教师只有对课堂教学进行有针对性的反思才能克服先前教学中存在的问题，学生才能获得真的发展，这就有必要加强课后备课，使整个备课浑然一体。

课后备课，是教学的反思备课，是对课前备课和课堂备课的深化和提升，包括三种类型，我们将之概括为"课后三备"。

1. 反思备

在课堂教学之后，教师对课前教学设计和课堂教学中出现的新问题的认识、处理及生成的意外收获进行思考。这是对课堂教学的深入反思，也为下一次教学提供了材料，使下一次教学更具有针对性。

2. 交流备

交流备是在反思备的基础上，在下一次集体备课时，大家在备课组长的带领下对反思备所作的交流。在交流中，大家互通有无，促进彼此的提高。在交流备中，要求每位老师只讲最重要的一条到两条，提出问题，引发思考，从而将备课引向深入，使集体备课也能扬长避短。

3. 辅导备

教师针对学生在课堂上训练的情况，采取相应的备辅策略，从而使课外辅导也具有针对性，让学生在辅导中真正获得提升与发展。

从上面的分析可以看出，虽然"课后三备"是全程备课的最后一个环节，备课内容简单，但却是一个非常重要的环节，它为以后的有效备课作了重要的铺垫，使各个教学环节环环相扣，步步靠实，所以，"课后三备"这一环节不可或缺。

我们设计了全程备课纸，打破了传统的备课方式，使备课更具有针对性、实效性、责任性。全程备课纸的形式与课前备课、课堂备课、课后备课的形式一致，也分为三部分。

"三三三全程备课"的撰写形式

为了把全程备课落到实处，我们还必须改革教案的撰写形式，使之与全程备课相一致，相吻合。

我们设计了全程备课纸，打破了传统的备课方式，使备课更具有针对性，实效性，责任性。全程备课纸的形式与课前备课、课堂备课、课后备课的形式一致，也分为三部分：

一、课前"三备"的填写

这部分包括课题、课时、追求目标（不是教学目标，因为这是针对学生所提出的目标，有时显——让学生在刚上课时就清楚，在学习过程中成为指向，有时隐——在老师引导学生学习的过程中不知不觉地追求达到）、课前准备（重点是老师需要作哪些方面的准备，学生需要作哪些方面的准备）、课堂引导过程和引导策略（不是教学过程和内容，因为教学的过程实际上是引导学生学习的过程，是引导学生发现、分析、解决、运用问题的过程，教师的作用就在于一个"导"字，导学习的过程，导问题的生成与运用）、板书设想（不是板书设计，因为板书只是一种预设，必须要依据实际的课堂而调整、确定，所以，不是一成不变的设计，而是一种假想，是否一定如此，必须根据学生在课堂上的情况而确定）六个栏目。

1."自行备"，就是对上面六个栏目进行自我思考后填写相关内容。

2."集体备"，就是在集体备课过程中，用铅笔对上面六个栏目的内容进行修改。

3."自改备"，就是在"集体备"的基础上，结合本班实际和个人实际用红笔进行自我修改。

二、课堂"三备"的填写

将全程备课纸中"课堂引导过程和引导策略"和"板书设想"两个栏目的竖列以2∶1的比例分割开来，前"2"用蓝笔填写课前"三备"的内容，后"1"用红笔填写课堂"三备"的内容，当然，所填内容的位置不局限于"1"处，也同样可以体现在"2"中，教师可以不适时机地进行填写。

三、课后"三备"的填写

在课前"三备"和课堂"三备"之后增设横栏，包括教学反思、作业策略、交流收获三个子栏目。

这种设计的好处是更贴近备课的实际，更符合备课的规律，既打造了老师，提高了科研水平，增强了教学能力，又使教学具有针对性，促进了课改，提升了学生。

为了保证备课的高质量，除个人努力与备课组加强自身建设外，学校还必须采取有力措施，保障全程备课的有效实施，特别是要加大对备课的检查力度，将各方利益相扣在一起，增强责任意识，做到一荣俱荣，一损俱损。为此，洋思中学全面推行了"备课四制检查法"。

"三三三全程备课"的检查策略

为了保证备课的高质量，除个人努力与备课组加强自身建设外，学校还必须采取有力措施，保障全程备课的有效实施，特别是要加大对备课的检查力度，将各方利益相扣在一起，增强责任意识，做到一荣俱荣，一损俱损。为此，洋思中学全面推行了"备课四制检查法"。

第一，备课组长周五备课送审制。每周五下午，所有备课组的组长必须将本人的备课纸交到教导处，让相关学科的领导检查备课组长的备课情况。"火车跑得快，全靠车头带"，只有备课组长首先动起来了，其他教师才可能动起来，常常出现的情况是备课组长本人不能以身则，不能起到榜样示范作用。这样一来，备课组长必须用心备课，事实上，只有备课组长用心备课了，他才能不吃老本，不随大流，才能去查教师，去问教师，去引领教师。如果检查到备课组长未按照要求备课，学校就按照《备课组长考核细则》，一方面在百分赛考核中扣分，另一方面在绩效工资中扣钱，同时，在每周一的备课组长例会上给以通报，如果连续三次被通报，就撤销其备课组长的资格。这样，所有备课组长都会认真备课，整个备课组的建设与发展才能真正成为可能。

第二，一般教师平时备课抽检制。每周由教导处派人对备课组个别成员的备课情况进行检查。我们在检查时，实行"一国两制"，即把教师分成两类，一类是信得过的教师，对于这类教师一般不查；另一类是有问题的老师，尤其是师德有问题或教学质量有问题、学生家长反映不佳的老师，对于这类教师，不仅要查是否备了课，也要细查备课的质量，不仅要一次查，也要跟踪查，以查促改，以查促变。如果查到哪个教师未备课，或未认真备课，就按照《备课组长考核细则》，对备课组长进行必要的处罚，因为备课组长不仅是教学业务的骨干，也是本备课组的领导，当然，备课组长已经被查出并已经被处理的除外。学校还将按照《教师师德考核条例》对未备课或未认真备课的教师进行处理，除了扣分，更主要是将考核与其绩效工资挂钩，与其今后评职称、评优、晋升连接，同时每周公布，促使其改进与提高。

第三，平常点课听课检查评价制，即针对备课与讲课是"两张皮"的现象，学校成立由骨干组成的听评课小组，在教导处的安排下，每天对个别老师进行听评课。听课后，首先要检查备课笔记是否有，是否真，是否与讲课相一致；然后，对讲课进行评点，尤其对老师的课堂"三备"进行交流、评价，要给出等级，作出量化，并将其作为教师师德考核的一项内容。这样，一方面使评价更靠实，另一方面对老师的课堂备课也是一种提升与促进。

第四，每月全面检查评价通报制，即在以上三种检查备课的基础上，每个月由教导处组织人员对所有老师的备课情况进行全面检查，从量与质两个方面对所有人员的备课作出"优"、"合格"、"差"的评价，并将其纳入《教师百分考核》之中，与多种考核严密挂钩。

教学改革是一项系统而全面的改革，备课改革只是其中的一项重要的改革。洋思中学所进行的备课改革始于上世纪八十年代，至今已经超过了二十年，在备课改革的引领之下，逐渐形成了与之配套的课堂教学模式改革，两者相互融通，彼此渗透，共同对学生的发展和教师的提升起推动作用，使洋思中学取得了前所未有的教学成果。

当然，"改革无止境，发展无穷尽"，如何使备课改革更科学、更高效，更能促进课堂教学改革，大家都要想办法。通过大家的共同努力，我们一定会寻求到一条更加符合科学规律的高效备课之路，从而促进师生的进一步发展，学校的进一步提升。

第七讲 师资培训：高效课堂的基础

高效课堂需要高效教师，需要教师有智慧、有本领、有策略、有办法。那么，怎样才能使教师的能力强起来、水平高起来、办法多起来、效果好起来呢？这一讲我们主要就此进行探讨。许多人都抱怨说办不好学校是因为没有好的教师队伍。那么，好的教师队伍从哪里来？等着上级指派吗？几乎不可能！依靠省、市教育行政部门集中培训吗？这也不可能！因为省、市教育行政部门没有那么多的精力，而且他们也不一定了解每个学校的实际情况，所以不能对症下药。

那么，怎样才能提升教师，发展教师，成就教师，打造一流的教师队伍，使教师切实担负起教书育人的责任呢？关键还是要靠教师自己，只有他们思考了，努力了，一切才有可能。"三个走进"——走进课堂、走进学生、走进问题，是培养优秀教师的重要途径，但师资培训也不可或缺，这一讲，我们将对师资培训问题进行重点探讨。

培训对教师来说是最好的福利，通过多种方式的师资培训，可以打造一支一流的教师队伍，提高教师对教科研工作的认识，提升教师的教科研水平，推动课堂教学改革，提高教育教学质量，促进学校的跨越式发展。

师资培训的方式

一、请进来培训

有目的、有计划地邀请有关专家来学校讲学、上示范课，为广大教师开阔视野、接触理论前沿、形成敏锐的科研能力创造条件。根据不同教师的不同情况，提出不同的培训方向，请有关专家对教师进行有针对性的追踪研究或个别指导，以充分发展教师在教学中的个性特质。

二、送出去培训

有目的、有计划地组织各类不同的老师到高等院校培训基地进修、学习，听取省内外教育专家和特级教师的学术讲座，提高教师的理论素养。对特别优秀的教师，学校应加大经费投入，分批次组织他们到国外去进修，学习国外先进的教学经验，与国外先进教育理念接轨，并将所学经验自觉、有机地融合到自己的教学之中。

三、派出去培训

组织培训对象到一些好学校挂职、任教，实地向他人、他校学习，促进自身的发展。应一些学校之邀，有意识地外派培训对象代表学校外出上课、讲学。这样的外出活动一方面能使培训对象产生自豪感、成就感；另一方面更能使其产生责任感、使命感，从而反复备课，认真上课，每次都能突破一点，这样，他们的各种能力就会显著增强；同时，在与外地领导、专家、老师的积极交流中，培训对象可以借鉴外地教师的教学经验，使得内外结合，相得益彰，这样，他们各个方面的素养自然就会不断提高。

四、压担子培训

人是有惰性的，没有压力就不会产生动力，没有动力就不会产生活力。所以，学校要对培养对象压担子，让其负重成长，在自我加压、自我实践中培养真本领，获得真水平，成为"真师"、"名师"。具体做法可从以下几个方面展开：

首先，对于不同级别的培训对象，提出不同的目标、要求和考核办法：初级教师要加强基础学习，学习先进，学习理论，每天至少要学习两个小时，要用新的教育教学理念指导教学工作，正确、规范、科学地传授学科知识。学校要在初级教师中发现一些"苗子"，使其成为其他初级教师的榜样，同时为教师队伍的发展提供有力的后备力量。中级教师要提高教育理论水平，提高教学科研能力，"向课堂要质量，向教研要效益"，特别是要科学、熟练地运用现代教学策略和手段。学校要在中级教师中选拔较为成熟的教师作为重点培训对象，提高其培养速度。高级教师要提高理论修养，提高创新能力，做青年教师的榜样，做"学者型"、"研究型"的教师，特别是要创新教学策略与教学方法。

其次，有意识地将进步很快的教师提拔到各个层次的领导岗位，明确其职责，提出相应的工作要求，定期对这些教师进行考核，不断鞭策他们，以促使其不断提高，同时让他们引领其他教师，促进其他教师的发展。

再次，有目的地组织各种竞赛，让教师在拉练、比武中展示才能，发现不足。推荐培训对象参加市级以上的优质课比赛，使其在实践中打造、提升自己。

最后，要求所有教师都要有自己的教育教学研究课题，能持久、深入地进行有效的研究，做到研以致用，从而形成自己独特的研究成果和教育教学特色。

五、校本式培训

校本式培训是师资培训的重要渠道，它是师资培训的重头戏，是每一所学校都可以采取的有效方法，校本式培训主要包括以下几个方面：

1. 假期培训

暑假、寒假既是教师休整的时间，也是教师充电进步的时间。我们可以利用暑假、寒假这两段相对安静的时间组织教师进行校本培训。

培训应采用"先学后比"、"以赛代培"的方式进行：先安排一定的时间，让教师边休息边自学有关内容；再安排一定的时间，让全体教师到校进行各种比赛，如所教学科文化考试、优秀论文比赛、优秀课例比赛、说课比赛等。比赛时，可以邀请相关专家全程参与，对教师进行面对面的指导。为什么要请专家参与呢？因为学校内部的比赛是所有人都参加的比赛，比赛的目的是促进所有人的提高，只有外请专家才能体现比赛的公平性，大家才会没有异议。通过假期比赛，教师既能相互学习，又能发现彼此的不足，取长补短，不断提高，同时还有利于学校发现"苗子"，树立典型，找到问题，想出办法，从而扩大培训对象的范围，形成水涨船高的局面。比赛时，老教师先一一赛课，全体教师认真评课，最后评选出优秀课。这样，老教师在原有的基础上提高了课堂教学水平，新教师尽管没有上过讲台，但获得了若干现实性的案例，对如何上好课就有了充分的感性认识，再加上专家的讲解与指导，他们的感性认识与理性认识得到最充分的融合。这种培训方法实际上就是哈佛大学的"案例培训法"，其实质意义比"案例培训法"更真实、有效,因为这是对新教师最真实的面对面的实实在在的培训。

除了业务比赛之外,我们还应请本校优秀教师和外请专家进行师德演讲、班主任工作讲座、后进生转化策略介绍、法制教育,并引导广大教师对教育教学工作中出现的问题展开讨论,各抒己见,最终统一认识。

2. 师徒结对

充分发挥学校的现有资源(名师、名家、名人)的作用,将现有名师与相关教师结对,订立"师徒合同",提出培养目标。在"师带徒"实施过程中,师傅要切实履行职责,"包"徒弟的成长。考核时,要切实做到师徒利益"同享共损":师傅要"包"徒弟备课、讲课,"包"徒弟提高教学质量。开学后,徒弟必须先听师傅的课,再上课,师傅必须一节不漏地听徒弟的汇报课,并及时、认真、准确地指出问题,这样,徒弟就会少走弯路,快速进步。

3. 强化读书

学习是发展的前提,只有不断学习,教育教学能力才能不断提高。为此,学校应该积极引导教师读好书,好读书。学校应想方设法为广大教师订阅可读性强的报刊,同时开出读书清单,开放阅览室,引导教师制订切实可行的读书计划,要求教师每天必须到阅览室读书,时间不少于一小时,并安排专人在阅览室内负责记载老师的读书情况。读书之后,所有老师都必须结合自己的教育教学写出有一定深度的读后感,各备课组利用一定时间开展学习沙龙、学术交流活动,对读后感进行评议、评选,同时,将有关学习心得刊发到学校教研杂志上。学校将这些工作都列入《教师教科研工作考核》之中,一月一统计,按质发放读书津贴,对马虎者将给以通报。

4. 比赛推进

比赛是推动进步的有效方式,我们必须运用好比赛的方式开展校本培训。除了前面所讲的假期比赛外,还要利用工作时间进行富有成效的比赛。常年赛课是比赛推进的最重要的形式。学校每学期都应该举办赛课活动，不管学期时间多么短，任务多么重，学校都应该高度重视赛课活动，因为赛课是促进教研的一种最有效的方法。学校在上学期可以开展"人人上好一堂新授课"比赛，在下学期可以开展"人人上好一堂复习课"比赛，在党员干部中可以开展"党员干部示范课"比赛，在成绩暂时不理想的教师中可以开展"提高课"比赛，在青年教师中可以开展"汇报课"比赛，在骨干教师中可以开展"革新课"比赛，等等。比赛获奖不是目的，但可以使教师们格外重视比赛，高度自觉，谁愿意落后，谁不想进步呢？除了常年赛课活动外，还可以进行说课比赛、教案设计比赛、教学课件比赛、教学案例比赛、录像课比赛、反思课比赛，等等。通过一系列的比赛，就使学校的教研气氛浓烈起来，教师互相学习起来，彼此提升起来，不至于一潭死水，没有动的迹象。我们的比赛不仅仅表现在教师个体之间的比赛，还表现在教师群体之间的比赛，如学科组之间的比赛，年级组之间的比赛，中青年教师之间的比赛，等等。

5. 课例研究

通过对各类人、各种课的研究，引领大家把主要精力放在课堂的研究上，促进课堂教学的提升与发展。这种课的课例形式很多：

（1）同课异构。每周安排两三个同年级同学科的老师提供课例。在他们未进行集体备课之前，各自备课，各自接二连三地上课、说课，同学科组其他老师就这几节课进行评议，从而发现问题，吸取教训，普及优势，促进提升，这种形式被称为"同唱一首歌"。

（2）一课多评。对同一位老师所上的同一堂课进行多次跟踪研究。如某位老师的教学有问题，为了促使其进步，学校组成互帮小组，对其进行跟踪帮助。先由该教师自行备课，在自己的一个班里上课，所有互帮小组成员全程听课，进行及时的评议，让该教师根据互帮小组的意见修改教案，然后在自己的另外的班里上课，互帮小组成员再听，再评议，该教师再修改，再上课，互帮小组成员再听，再评议，直至上到让评议小组满意为止。一课多评，对于暂时落后的老师的提升确实具有很大的促进作用，只要是真心帮助，没有任何歧视态度，被听课者就会非常愿意。谁想做永远落后的老师，而不想做让同事认同、让学生喜欢的老师呢？

（3）每天点课听课。各学科成立听评课小组，每天上午第一节课前由教导处对有关教师进行点课，有的是有意识的——前一天发现的有问题的课，有的是随机的——对所有的上课教师进行自由点课。在每天点课听课的过程中，听课者要在上课者上课后，对上课者的教案进行检查，作出评价，对上课者的上课情况也要作出评价，并及时与上课者进行交流。每天点课听课促进了所有老师的积极投入，不论备课还是上课都必须充分做好随时随地接受学校检查的准备，不敢有丝毫的马虎。当然，我们实施每天点课听课，还可以采取"一国两制"的方式进行——一部分老师因为认真、积极、负责，成绩也很突出，得到了家长、学生、老师的一致认可，可免于每天点课听课。

（4）复制课。学校让一部分老师到外面参加学习、观摩优质课活动。为了使学习者真正学习，同时扩大学习的效果，让未参加活动的老师也能分享到优质课的特色，学校应该让前去学习者回校后复制所学习的课例，同时让学习者谈谈自己听课、上课的感受，使个人学习的财富变为大家的财富，使每一位老师都有所启发。有人说："这样多麻烦啊，我不上课。"如果回来不上课，学习的相关费用就不给予报销，由前去学习者私人承担，因为他学的东西成了他私人的东西，而没有变成公家的东西。只有他学的东西成为了公家的东西，真的让每一位老师都能从中学到点东西，学习的相关费用才给予报销。这种复制课的方法，对听课者是一种推进，对全校教师而言也是一种提升。

（5）监听课。现在教学管理设备先进了，很多学校的教室都装了监管设备——摄像头，这不仅对监管班级秩序大有裨益，同时对老师课堂教学也起到了促进作用。学校应该充分利用这些设备，充分发挥这些设备的监听功能，在远处，在悄无声息处开展课例研究。这种课例研究最大的特点就是真实，没有任何的做作。有时，我们也要将其录像功能发挥出来，可以从上课录到下课，也可以将那些或成功或有问题之处录下来，作为研究的内容。所以，学校应该组织专人在监控室监听课。这种监听还有一个好处，就是可以在同一时间听取很多课，通过比较，发现共性和个性的问题。这种监听，要求监听者必须出于公心，一视同仁，不能以找问题为乐，用以打击老师，让老师望"摄像头"色变，从而使课假起来，失去监听的意义与价值。

6. 课题研究

科研兴校，科研兴教。课题研究是培养科研型教师的最有效的途径。课题从哪儿来呢？从实际工作中来，从实际工作中的问题来——问题就是课题。问题来自于课堂，来自于学生，来自于实践。教师课题的来源主要有三种方式：一是校类课题，以学校为主进行研究的课题；二是组类课题，以教研组、学科组为主进行研究的课题；三是微型课题，以自己教学中的问题为研究课题，边实践边研究，提出问题，实践策略，不断反思，最终形成相关成果。

7. 开放课堂

大开放促进大发展，每学期学校都要组织两次开放课堂，一次开放给学生家长，一次开放给外校教师。通过开放课堂，一方面可以让家长来看看学校课堂教学的现状，促进家长与学校的沟通；另一方面可以让外校教师对学校课堂教学提出意见和建议，这对本校教师不也是一个很好的提升吗？

8. 成果推广

每一个老师都有自己的一套有效的教学办法，但如果各自为战，就不能形成拳头力量，不利于个人的成长和团队的成长。为此，学校必须及时整合有效的教学方法，采用各种方式推广好的教学策略：一是通过学术沙龙来交流；二是通过刊物来交流；三是通过博客来交流；四是通过学校网站来交流；五是通过出版成果来交流。通过各种方式最终达到共同提高的目标。

培训对教师来说是最好的福利，通过多种方式的师资培训，可以打造一支一流的教师队伍，提高教师对教科研工作的认识，提升教师的教科研水平，推动课堂教学改革，提高教育教学质量，促进学校的跨越式发展。

对于师资培训这项有益于教师发展、学生发展、学校发展的工作，必须长远规划，抓实，抓细，抓稳，这样才能真正发挥其功效。

师资培训的注意点

师资培训工作不是简单的策划，不能随随便便，马马虎虎，敷衍了事，要对方方面面进行综合考虑。如果不认真，不及时，不对口，就可能会成为"鸡肋"，食之无味，但弃之可惜；更可能适得其反，"怨声载道"，得不偿失。所以，对于师资培训这项有益于教师发展、学生发展、学校发展的工作，必须长远规划，抓实，抓细，抓稳，这样才能真正发挥其功效。

1. 领导带头。学校领导要亲自挂帅，校长、副校长、教导主任等学校领导都应该与教师一起参加校本培训。学校要把师资培训工作作为重点来抓，作为一把手工程来实施：带头规划、上课、评课，带头毫不留情、有针对性地指出存在的问题，使校本培训始终处于真实的培训之中，使校本研究始终处于最佳的研究状态。领导带头，以身作则，既对自身提高大有好处，对教师起到引领作用，又能把握全局，了解真相，使培训工作有的放矢，对症下药。

2. 科学规划。培训工作绝不能是铜匠的担子——挑到哪里，响到哪里，而应该全面科学地规划；不能只着眼于一时，而应该统筹兼顾，突出重点，三年、五年一规划，做到长期培训与短期培训相结合；不能全面开花，面面俱到，而应该区别对待，对不同层次的培养对象——教坛新秀、教学能手、学科带头人、名师进行不同的培训。培训工作不应是少数人的事，有问题的教师的事，青年教师的事，而应该是全体教师的事，我们要逼着所有教师都参与培训，且必须要有成果。培训工作不能随随便便，马马虎虎，搞形式，搞花样，而应该根据《教科研百分赛考核》，从严要求，一视同仁，加强考核，将勤与效落到实处。培训工作不能只看到现在，而应该立足长远，充分挖掘教师的潜能；不能搞假、大、空，中看不中用的东西，而应该实事求是，立足本校，依靠自我，挖掘学校内部潜力，利用一切可以利用的资源进行富有实效的培训。

3. 舍得投入。搞校本培训需要一定的经费，学校在经费的规划上，要向培训工作倾斜。假期培训时，要给教师发补助；在各类比赛中，要给优秀者发奖金；在师徒结对时，要给师傅发带徒费，师傅当得好，徒弟有成绩，学校也要奖励师傅，等等。学校应根据自己的财力，舍得把钱花在刀刃上，花在这种有益于老师发展、学生发展、学校发展的大事上。只有这样，师资培训工作才能得以顺利进行。

4. 坚持不懈。培训工作不可能一帆风顺，其中一定有挫折与不如意。我们必须坚持，必须找到问题，必须切实解决问题。所以，我们要以正确的心态对待培训，一口吃不出一个胖子，一锹挖不出一口深井，千万不可因一时的失败而气馁，要锲而不舍，持之以恒。事实上，举办一次培训不可能就会有所成就，量变引发质变，只有举办多次培训才会有成效，人的思想和行为才能发生质的变化，坚持才能成功。

5. 注重应用。校本培训的最终目的不是看，而是要切实把专家研究的成果应用到教学实践中去，促进课堂的变化，促进学生的发展，促进学校的提升。所以，应用才是培训的最终目的。我们应该着重研究如何在课堂教学的全过程中让每一位学生都学得好，我们要特别注重从实际出发，讲究实效，而不要搞形式主义、花架子。只有这样，才能既提高教师的理论水平，又增强实际应用的能力；既提高教学质量，又推进素质教育。所以，培训要体现"只求有效，不求形式"的思想。

第八讲 科学管理：高效课堂的保障

课堂的高效，似乎只要紧紧抓住了课堂，只要培训出优秀的教师就能实现。但事实上，课堂高效的实现是一个系统工程，除了必须紧紧抓住课堂这个牛鼻子之外，还必须实施全面、科学、常态的管理，以保障和推动课堂教学的全面高效。

当然，关于学校管理的配套措施，每个学校有每个学校的办法，每个人有每个人的金点子。只要大家都以学生的发展为本，以课堂为实施中心，以自我价值的实现为追求，那么，课堂高效的目标就能实现，学生就能得到全面、和谐、健康的发展，教育就会大有希望，教师的人生就会真正富有价值。

我们必须制定一套科学的课堂规则。不仅要有学生层面的，也必须要有教师层面的，只有两者同时制定，相得益彰，相互影响，相互监督，才能相互促进，相互提升。

切实遵守课堂规则

不以规矩，不成方圆。有人说，课堂上不能有太多规矩，否则会束缚学生的手脚，影响学生的思维，不利于学生的成长。但是，课堂上不能没有规矩。如果课堂上没有任何规则的话，课堂就会无序，就会造成时间的浪费，效率的降低。因此，我们必须制定一套科学的课堂规则。不仅要有学生层面的，也要有教师层面的，只有两者同时制定，相得益彰，相互影响，相互监督，才能相互促进，相互提升。我们应根据教的特点与学的特点，制定富有实效的师生课堂规则。

一、教师课堂规则

1. 执行教学法规，严格按照课表上课，必须按教案授课，严禁无教案上课，未经批准不得私自调课、缺课。

2. 预备铃声响后，任课教师愉快地站在教室门口，关注每个学生。若发现有缺课学生，及时与班主任联系。上课铃响后，教师精神抖擞，面带微笑走进教室，亲切地打招呼"同学们好"，学生们齐声说"老师好"，教师再微笑着说"请坐下"。

3. 每节课开始，老师都用简洁的语言等有效形式组织教学，让学生集中注意力。

4. 老师用普通话讲课，声音响亮，语言简洁；板书工整、规范、有条理；能灵活运用多媒体设备。

5. 严禁教师带茶杯、手机进课堂，着装整洁、端庄，不坐着上课，不随便离开课堂。

6. 课堂上如发现学生不遵守纪律，教师可采取目光示意、语言警告等形式，巧妙地处理偶发事件，严禁让学生停课或外出，严禁体罚和变相体罚学生。

7. 每节课学生都必须当堂完成作业，下课前交作业本，由科代表立即送到办公室，不得留任何形式的课间作业。

8. 督促、指导学生做好眼保健操。

9. 按时下课，下课铃声响后，班长喊"起立"，老师亲切地打招呼"同学们再见"。

二、学生课堂规则

1. 预备铃声响后，将本节课相关的书本和文具放在课桌的左（右）上角，停止讲话，坐姿端正，胸部距课桌一拳，眼离书本一尺，等待老师上课。

2. 上课铃声响后，班长喊"起立"，老师亲切地打招呼"同学们好"，同学们一起有礼貌地应答"老师好"，老师微笑着说"请坐下"，学生方可坐下。

3. 课上集中注意力，专心听讲，勤于思考，积极参加讨论，勇于发表见解，回答问题讲普通话。

4. 严格执行《中学生日常行为规范》，不得将手机等通讯工具带进课堂，课上不喝茶，不吃零食，不做小动作，不随便讲话，不妨碍他人学习，不擅自离开教室。

5. 认真独立完成老师布置的作业，要求书写工整，不抄袭，真正做到"堂堂清"。

6. 尊重老师，服从老师的教导。

7. 认真做好眼保健操，要求动作正确，真正达到保健的目的。

8. 下课铃声响后，班长喊"起立"，教师亲切地打招呼"同学们再见"，同学们齐呼"老师再见"。

有了课堂规则，就要切实执行。如果不执行，怎么办？如果教师不严格执行课堂规则，就依据《绩效工资过程考核实施办法》进行处理，也就是将教师课堂规则执行情况纳入教师平日工作过程中进行考核，最终使每一位教师在过程中负责，对过程负责；如果学生不严格执行课堂规则，就依据《学生百分赛考核条例》进行处理，也就是学生在课堂上的一言一行必须规范，要受到一定的约束，不能为所欲为，随随便便，最终使学生养成良好的行为习惯。只有师生都切实执行课堂规则，整个课堂才能真正默契、和谐、高效。

> 我认为，要始终坚持、全面实施课堂教学"包"字管理策略——将邓小平的"包"字引进课堂，真正落实教书育人责任制，让所有教师知责任、明责任、负责任，各扫门前雪，扫好门前雪。

加强课堂责任承包

做任何工作都是有责任的，课堂教学也不例外，责任大于天。怎样才能使责任落到实处，不至于一纸空文呢？我认为，要始终坚持、全面实施课堂教学"包"字管理策略——将邓小平的"包"字引进课堂，真正落实教书育人责任制，让所有教师知责任、明责任、负责任，各扫门前雪，扫好门前雪。

一、承包的对象

1. 学科任课老师是承包的第一责任人，因为是他教的学科，他的责任就是教好每一个学生，使每一个学生都能得到最大的发展；学科组组长是承包的第二责任人，因为他是整个学科组的领导，必须对整个学科组的发展负责；年级组负责人是第三责任人，因为他是整个年级的总指挥，整个年级都归他管，课堂是他管理的核心区域，他必须高度负责；教导处负责人是课堂教学的第四责任人，是课堂教学的最高负责人，因为他是课堂教学的指导者、引领者、提升者，必须对整个教学全面负责。

2. 承包的对象还有一种人，那就是学生。学生承包学生的进步、发展、变化。这也是课堂高效的一个重要策略，也就是我们要让每一位学生都充分发挥作用，尤其是那些"先发展"起来的学生，让这些学生在课上、课后去承包、去帮那些"暂时落后"的学生，做那些"暂时落后"的学生的"师傅"、"小先生"，发挥集体的力量使这些学生进步，来推动课堂高效的实现。

二、承包的落实

为了使承包工作落到实处，必须与各承包人签订《课堂教学承包责任书》，既要规定义务，又要给定权利；既要有处罚条例，又要有奖励办法；既要有宏观目标，又要有具体要求；既要有考核办法，又要及时兑现（所有管理人员坚持深入教学区，坚持进课堂，随身带着考核台账、听课记录和数码相机，发现问题，及时记载，必要时把正反两方面的典型都拍下来，在周前会上回放，大家讨论，月底按制度兑现，实行"月月清"）。

"包"实际上是权力下放，责任上移，不仅强化了教师的使命感、责任感、危机感，把教师推上了火线，而且调动了教师的积极性，增强了教师的主人翁意识；"包"实际上体现了权利与义务的对等，干好干差不一样，它是民主思想、市场经济的充分体现；"包"实质上体现了人的价值，立了功有人"领"，出了错有人"顶"。

三、承包的原则

1. 利，这是"包"的思想的出发点和归宿，是"包"的思想的根本之所在。也就是说，"包"要做到有利可图：要有利于每一个学生的发展，让每一位学生家长满意；要有利于调动教师的积极性，让教师愿意去"包"，主动自觉地投入到课堂教学改革之中；要有利于学校的发展，与学校的发展追求的目标一致，对学校的发展起促进与提升作用。

2. 实，也就是"包"的内容、方式、方法必须结合校情、班情、师情，做到一个"实"字，从实际出发，实事求是，富有实效。千万不能搞假、大、空、套的形式的"包"，也不能搞拿来主义的应付的"包"，更不能搞说是一套，做又是一套的"包"。在"包"的整个过程中，不能搞任何花架子，不走过场，不畏问题，不怕困难。

3. 真，这是确保"包"富有成效的最为重要的保证。也就是说，在"包"的整个过程中，教师必须真抓实干，顶真碰硬，求真务实。为此，我们要不屈不挠地追求，严格细致地管理。今天能解决的，决不拖到明天，明天要解决的，今天就要认真思考。有好的过程，才能有好的结果。

"三清"的共同点就是使教师和学生都有了行动的方向，为目标而战，为任务而战，为责任而战，打不尽"豺狼"，决不下战场。

扎实开展"三清运动"

所谓"三清运动"就是指"堂堂清、日日清、周周清"。"三清"的内容是基本的、基础的书本内容，它是课程标准的最低要求。"三清"的载体不是人人参与考试的试卷，而主要是课本。"三清"的对象是少数对该"清"的内容没有掌握的学生。"三清"的核心是"堂堂清"，它是"日日清"和"周周清"的基础。"三清"是一个既定的目标，使所有学生、教师甚至家长都感到有了责任，于是一起铆足了劲，朝着这个既定的目标努力。"三清"是目标，但不能"清"怎么办？当然要帮与扶，实施"扶贫工程"。

1. "堂堂清"，就是学生在老师的引导和同学们的帮助下，全身心地投入到高度紧张的课堂学习中，全过程思，全过程行，全过程用心、用劲、用情去求取知识，发展能力，培养情感，实现"课堂上能掌握的决不留到课后"的目标。怎么知道学生有没有"堂堂清"？"当堂训练"是最好的方式，它能让教师发现学生在课堂上的不懂、不会之处，从而在课后有的放矢地进行辅导、补差，从而实现"日日清"。所以，"当堂训练"是"堂堂清"和"日日清"的桥梁与纽带。

2. "日日清"，就是老师利用课余时间针对"当堂训练"中暴露的学生学习中存在的问题，或自己或让该生的"师傅"对该生进行课余辅导、督查，使该生做到"今日事，今日毕"。若只是知识上的缺陷，则耐心讲解，由浅入深，及时掌握当天课堂上没有搞懂的知识；若是技能上的问题，如某个实验探究有问题，则到实验室给这些学生"开小灶"，帮助他们通过实验进一步去理解概念，发现规律。同时，在班上成立学习小组，通过小组间正常开展学习竞赛，使小组之间产生竞争，这样学得好的学生就会主动给后进生解难释疑，进行"一帮一"的"师徒"结对，这就解决了教师分身乏术的难题。对于"堂堂清"清不了的学生，师傅帮助徒弟过关，一次"清"不了，两次，三次……一般经过两次"清"或三次"清"，绝大部分同学都能做到"日日清"。"日日清"使辅导有的放矢，使学生学有所获，既减轻了学生学习的负担，又提高了学生学习的乐趣。

3. "周周清"，就是对"双差生"、调皮生学习中出现的问题，实行验收制度。由教导主任、教研组长，任课老师和班上的尖子生当验收员，单周验收数学，双周验收英语，班与班对调验收。"周周清"缩短了学生间的差距，让所谓的"差生"看到了发展的希望，有利于学生的共同发展。对于"周周清"清不了的学生，老师不能让学生随便回家，星期五晚上要"陪同"学生，辅导学生，直到其过关；对于个别特殊的学生，还必须按照"分类指导、区别对待"的原则进行处理，只要有一定的进步即可放行。

"三清"使每一个学生不欠债，加强了责任，夯实了基础，让每一位暂时落后的学生有了自尊、自信，复燃了求知的欲望，有了向上的可能。他们不但扎扎实实地补上了缺，有了自学能力，而且逐步养成了良好的学习习惯，培养了吃苦精神和合作精神。于是他们在课堂教学中真正进入角色，充分发挥主体作用，能够学得好。"三清"的共同点就是使教师和学生都有了行动的方向，为目标而战，为任务而战，为责任而战，打不尽"豺狼"，决不下战场。

只要持之以恒地开展"三清运动"，"三清"就一定会逐渐内化为学生的一种学习习惯，变成一种追求，形成一种学习方法，使学生学习更加自觉主动。长此下去，"清"不了的学生将会越来越少，如果课堂上的所有学生都跟上了大部队，都有了一定的基础，课堂高效的目标就不难实现了。

要实现课堂的高效，还要有配套的改革措施来充分保证，如从"三个一"抓起的全体发展策略，"每天锻炼一小时"的身心发展策略，作业校本化的质量保障策略。

全面推进配套管理

一、从"三个一"抓起的全体发展策略

从"三个一"抓起，就是从初一年级抓起，从新生进校的第一天抓起，从成绩排在最后一名的学生抓起。

学生差，往往差在起始上，只有做到起始不差，注重长远利益，配备骨干教师，考核跟初三年级一样严格要求，才能使学生的发展成为可能，所以，必须从初一年级抓起。

好习惯使人终身受益，很多学生差，不是差在智力上，而是差在习惯上，差在不严格、不努力上。学生的可塑性是很强的，如果学生进校的第一天就不能形成良好的习惯，就不自信，那今后怎么可能发展？课堂高效的目标怎么可能实现？所以，必须从新生进校的第一天抓起。

一个班级课堂不高效，不是所有学生都不高效，而往往是由极少数学生不高效造成的，尤其是成绩排在最后一名的学生。谁抓住了成绩排在最后一名的学生，谁的课堂就是高效的，所以，教师必须高度重视成绩排在最后一名的学生的发展。

从成绩排在最后一名的学生抓起，有三种办法：

1. 合理分班，调动竞争的力量。坚持不分快慢班，而按照每个学生的实际情况，合理搭配，将学生平均分到每个班级，并分别与班主任签订"教书育人责任状"，定期对差生的转化情况进行验收，优者奖，劣者罚。

2. 结对帮扶，调动合作的力量。班主任将这些所谓的"差生"安排到教室前排的位置，让他们与优生同桌，结成学习对子，让优生做这些学生的"师傅"、"小先生"，这样既能调动优生的积极性，又能调动后进生的积极性。

3. 特别关注，调动情感的力量。课堂上教师提问最多的应是这些学生，板演最多的应是这些学生，老师释疑、点拨最多的应是这些学生，课后谈心交流最多的也应是这些学生。教师不仅要关心他们的学习，还要关心他们的生活、思想、情感，以全方位的人文关怀激励他们奋发向上。

通过一系列的措施，最终使这些过去备受教师冷落、同学歧视、家长打骂的后进生有了自尊、自信，获得了发展的空间。

二、"每天锻炼一小时"的身心发展策略

身体是革命的本钱，如果学生身体垮了，带病上课，那课堂高效就是子虚乌有了。为了使学生更好地成长、成才，保障学生的身心发展，确保课堂高效，并为以后的发展全面奠基，学校必须从学生全面发展的角度出发，实施"每天锻炼一小时"的身心发展策略。不管在什么情况下，学校都要保证学生每天有一个小时的锻炼时间。为使身心发展策略落到实处，学校要统筹规划，以年级为单位具体实施。在活动期间，学生按意愿活动，教师加强引导、督查、承包，确保活动有效果。学校同时将学生的活动情况与年级、备课组、任课教师的考核挂钩。这就使每一位教师都能真心实意地为学生服务，从而使"每天锻炼一小时"的身心发展策略真正促进学生发展，带动教师发展，带动课堂发展，推动学校发展。

三、作业校本化的质量保障策略

1. 作业校本化的内涵

学生之所以在课堂上表现得不积极，不努力，原因很多，其中有一条就是课堂作业的无序、重复，质量低劣，既浪费了时间，又让学生心生厌烦。这样的课堂怎么可能高效呢？为此，我们必须推行课堂作业的校本化，即硬性规定教师不允许订购除课本之外的任何现成的练习册、习题集，教师必须在吃透教材、了解学情、占有大量资料的基础上，自己精选题目，分层设计作业题，使作业符合学校实际、班级实际、学生实际。作业校本化是提高教师专业水平、提高课堂教学的针对性、有效性的一种很好的策略。

2. 作业校本化的原则

为了使作业落到初版，充分体现作业的原创性，使校本化作业常态化、高效化，各个备课组应切实提高作业设计的针对性和实效性，绝不照搬现成的讲义和练习册，要做到"教师跳进题海找题目，学生跳出题海练题目"，从而确保学生训练的高效，使学生能真正生成"做一题，会一类"的能力。

3. 作业校本化的保证

为了确保校本化作业的质与量，学校对"作业校本化"要实行四级管理，即一级管理，出题者出题、签名；二级管理，备课组长审阅、签名；三级管理，年级负责人二审、签名；四级管理，各年级负责人统一将作业交给教导处负责人审核、签名、印刷、备存。如无四人签名，则文印室不给予印刷。同时，学校还应成立专门班子对校本化作业进行科学评价，及时总结、推广作业校本化的经验，使全校各学科校本化作业的质量得到全面提高。

4. 作业校本化的意义

实行作业校本化就是逼着老师钻研教材，研究各种练习册，从中精选出好的题目；也逼着教师自己编题，不断提高自己的命题能力。作业校本化的结果是教师的业务水平提高了，学生也从题海中解放出来了，学生的课后负担减轻了，学生在课后有了可以自由支配的时间。这样，学生还会出现这样或那样的问题吗？

当然，学校管理的配套措施绝非只有以上所讲这些，每个学校有每个学校的办法，每个人有每个人的金点子。只要大家真正以学生的发展为本，以课堂为实施中心，以自我价值的实现为追求，那么，课堂高效的目标就能实现，学生就能得到全面、和谐、健康的发展，教育就会大有希望，教师的人生就会真正富有价值。

后　记

　　《高效课堂八讲》即将付梓，首先我要感谢本书的策划编辑朱永通先生，我与他在武夷山偶然相识后，在他的鼓舞和催促下，这本书稿才得以成形，感谢他对我的高度信任和肯定。

　　《高效课堂八讲》一书的写作，着实让我明白了"说易行难"的内涵。我多次应邀外出讲学、上课，原以为出书很容易，只要将自己的所讲、所做一一照录，整理成章，就可成书。但当我真的去做时，却感到困难重重、无从下手。此时，我才真正认识到说和做、心想与事成之间的距离之大，才真正体会到知识性、趣味性、实践性、理论性、系统性、可读性等特点在书中得以体现之不易，才真正领悟到只有耐得住寂寞、舍得吃苦、日积月累方能厚积薄发的道理。

　　《高效课堂八讲》是我二十多年的课堂教学实践的总结，是我对课堂教学认识的梳理，是我诸多发表、获奖论文的集聚，是我向自己以及所有关心我的成长的同志们所做的汇报。虽然我尽了最大的努力，为之付出了很多，但因精力有限、学识浅薄，书中问题在所难免，恳请广大读者对本书中可能存在的问题进行批评指正。我将不胜感激。

刘金玉
2010 年 3 月 6 日